THE POWER SPOTS IN KYOTO

ここが京都のパワースポット

南　尋公
林　和清
著

京都を愉しむ

淡交社

京都を愉しむ

ここが京都のパワースポット　目次

覚醒の気

空虚感を埋める気

癒しの気

活力を与える気

このお二人にパワースポットをめぐってもらいました。

南 尋公（みなみ・ひろこ）

京都府生まれ、滋賀県大津市在住。社団法人日本易学連合会会員。運命学研究歴四十五年。幼い頃から神秘的な体験を重ね、運命学に興味をもち、泰山流四柱推命をはじめ、西洋占星術、気学、姓名判断、家相、手相などの占術を修める。現在大津市の自宅で個人鑑定のほか、リビング新聞社カルチャースクールにおいて近畿一円の教室の専属講師をつとめる。

林 和清（はやし・かずきよ）

京都府生まれ。二十三歳で塚本邦雄に師事。短歌誌「玲瓏」に入会。現在「玲瓏」選者。現代歌人集理事、現代歌人協会会員。著書に歌集『木に縁りて魚を求めよ』（邑書林）、『匿名の森』（砂子屋書房）のほか、エッセイ集『京都千年うた紀行』（日本放送出版協会）、『日本のかなしい歌100選』（淡交社）などがある。各地のカルチャー教室で『源氏物語』『百人一首』などの講師をつとめるほか、NHKなどのテレビ・ラジオ出演も多い。

大将軍八神社 …… 90
神泉苑 …… 92
松尾大社 …… 96
蛇塚古墳 …… 98

正式参拝の作法 …… 102
京都にみなぎるパワー
おわりに …… 104
パワースポット索引 …… 110
　　　　　　　　　　 111

column

1　三は神代の昔から聖なる数 …… 24
2　御神徳を授かるための参拝の作法 …… 44
3　不思議なパワーをもつ水の精・水晶 …… 60
4　おみくじの歴史と凶札と吉札の扱いの作法 …… 72
5　縁結びの神様 …… 80
6　一年の開運吉慶を司る歳徳の神の坐す方位 …… 94
7　比叡山延暦寺の別院・赤山禅院と都の鬼門 …… 100

※本書に掲載した情報は平成25年12月現在のものです。拝観時間や拝観料などが変更される場合もありますので、ご了承ください。
※本書で紹介したパワースポットはあくまで風水的見地から強力なエネルギーが存在している場所であり、そのエネルギーが及ぼすパワーの感じ方には個人差があります。

はじめに

パワースポットは地球のツボ、さまざまな個性と定義があるのです

一時の爆発的なパワースポットブームの後も、ひきつづき根強いファンがいて、国内はもとより、世界各国のパワースポットめぐりをしていると聞きます。

私は職業柄、そうした人たちから、「先生、パワースポットめぐりがさかんですが、パワースポットってどのような場所で、どのような効果があるところなのですか」と、質問を受けることがしばしばあります。そのような質問には次のように冗談めかして答えています。

「地球という星は不思議な星で、ここに住んでいる以上避けることのできない地球の磁気と、あなた自身の磁気の気のゆがみを調節し、心身ともに健康にしてくれる場所がパワースポットなの。地球はやさしい星だから、この地球上で起きたことの責任をきちんとはたしてくれて、元気と幸運を約束してくれるということかもしれないわね」。

そのような特定の場所をいにしえの人たちは「天人《てんじん》地《ち》相応《そうおう》の地」と呼び、風水上で吉の地としてきました。現在パワースポットと呼ばれる場所の多くが、そうした風水上の吉の地にあることが少なくありません。

人体にも気の流れる道とされる経路と経路を結ぶポイントに「ツボ」があるように、大地にも地球の内部からやってくる強いエネルギー、すばらしくよい気が、まるで呼吸をするかのごとくあふれている場所があり、それを「龍穴《りゅうけつ》」と呼びます。パワースポットを正しく理解するためには、中国古来の「陰陽道《おんみょうどう》」や地理学でもある「風水学」、さらには「天文学」の知識が多少必要かもしれません。

京都にはたくさんのパワースポットがあります

京都はまさに風水の宝地。地の気のみならず、すばらしい天の気にもまた恵まれています。地球の創世期にもたらされた自然のエネルギーに

たっぷりと恵まれた場所が平安京の起点となっていて、当時の人たちの測量技術の高さと、自然の恩恵に礼をつくし、感謝の思いを大切にした大和人らしい謙虚な心がまえを知るとき、あらためて感動をおぼえます。

このたび本書を著すにあたって、今一度、京都の洛中から郊外にいたるまで、風水上すぐれた場所をくまなくおとずれてみました。すると、パワースポットにもさまざまな個性があることにあらためて気付かされたのです。また意外にも、パワースポットとして有名な場所でも、気があふれる重要な場所に建造物を建ててしまったために、かつてあったはずの気が衰えていたり、不吉な気に満たされてしまっていたりという場所もあったことは、大きな発見でした。

京都には、まれに見るさまざまな個性の気をもったスポットが多くあります。気の種類には「覚醒《かくせい》の気」、「空虚感《くうきょかん》を埋める気」、「癒しの気」、「活力を与える気」、などがあり、宇宙にみなぎるエネルギーはさまざまです。パワースポットを訪ねるときに大切なことは、あなたの目的ともとめに応じておとずれる場所をしぼり、大自然に対する感謝の気持ちを忘れず、懐疑的《かいぎてき》な気持ちを捨てて、ゆったりとリラックスした精神状態で向きあうこと、そうすればかならず答えが出るはずです。京都の数あるパワースポットの中から、「天の気」と「地の気」、自然の恵みに満たされている場所、私が自信をもっておすすめできる場所をご紹介します。

さあ、きっと幸せになれるという確信をもって「開運のパワースポットめぐり」におでかけください。

南　尋公

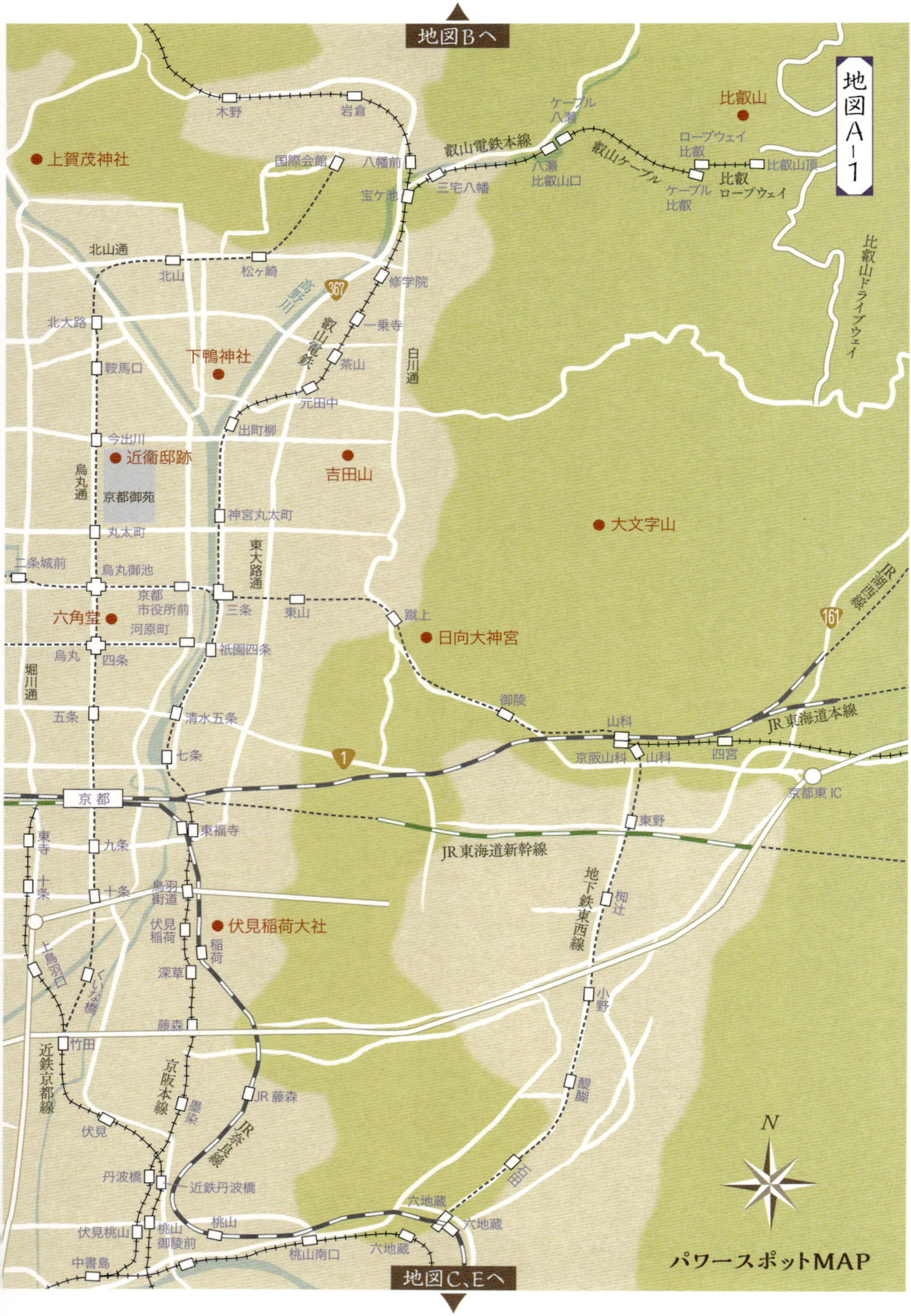
地図A-1
地図Bへ
地図C、Eへ
パワースポットMAP
N
上賀茂神社
下鴨神社
近衛邸跡
京都御苑
吉田山
大文字山
六角堂
日向大神宮
伏見稲荷大社
比叡山
木野
岩倉
国際会館
八幡前
宝ケ池
三宅八幡
叡山電鉄本線
ケーブル八瀬
八瀬比叡山口
叡山ケーブル
ケーブル比叡
ロープウェイ比叡
比叡山頂
比叡ロープウェイ
比叡山ドライブウェイ
北山通
北山
松ケ崎
高野川
367
修学院
一乗寺
叡山電鉄
茶山
白川通
元田中
出町柳
北大路
鞍馬口
今出川
烏丸通
神宮丸太町
丸太町
東大路通
二条城前
烏丸御池
京都市役所前
三条
東山
蹴上
河原町
祇園四条
烏丸
四条
堀川通
五条
清水五条
七条
1
御陵
山科
京阪山科
四宮
JR東海道本線
JR湖西線
161
京都東IC
京都
東福寺
東野
JR東海道新幹線
東寺
九条
十条
鳥羽街道
伏見稲荷
稲荷
椥辻
地下鉄東西線
上鳥羽口
くいな橋
深草
藤森
小野
竹田
近鉄京都線
京阪本線
墨染
JR藤森
JR奈良線
醍醐
伏見
丹波橋
近鉄丹波橋
石田
六地蔵
伏見桃山
桃山御陵前
桃山
中書島
桃山南口

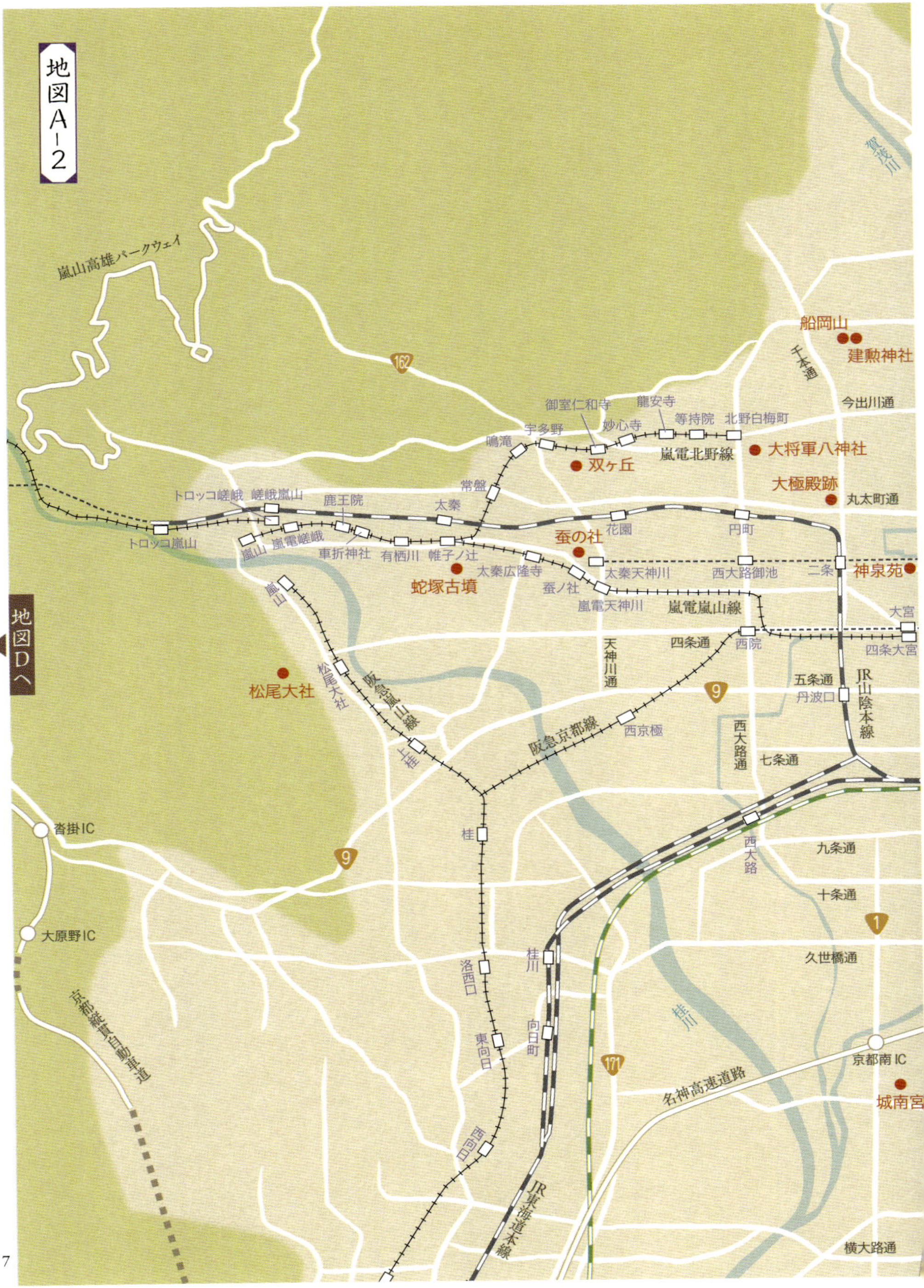

地図A-2
嵐山高雄パークウェイ
162
御室仁和寺
龍安寺
宇多野
妙心寺
等持院
北野白梅町
鳴滝
嵐電北野線
大将軍八神社
双ヶ丘
船岡山
建勲神社
千本通
今出川通
大極殿跡
丸太町通
常盤
トロッコ嵯峨
嵯峨嵐山
鹿王院
太秦
トロッコ嵐山
嵐山
嵐電嵯峨
車折神社
有栖川
帷子ノ辻
花園
円町
蚕の社
太秦広隆寺
蛇塚古墳
蚕ノ社
太秦天神川
西大路御池
二条
神泉苑
嵐電天神川
嵐電嵐山線
大宮
四条通
西院
四条大宮
天神川通
松尾大社
松尾大社
阪急嵐山線
上桂
阪急京都線
西京極
9
五条通
丹波口
JR山陰本線
西大路通
七条通
地図Dへ
沓掛IC
桂
9
西大路
九条通
十条通
1
大原野IC
久世橋通
洛西口
桂川
東向日
向日町
桂川
京都南IC
171
名神高速道路
城南宮
京都縦貫自動車道
西向日
JR東海道本線
横大路通
賀茂川

地図B
鞍馬山
貴船神社奥宮
貴船山
貴船神社
鞍馬寺
鞍馬川
貴船川
多宝塔
鞍馬山門
鞍馬
貴船口
二ノ瀬
市原バイパス
市原
叡山電鉄鞍馬線
二軒茶屋
原峠
京都精華大前
木野
岩倉

地図D
筏森山
桂川
477
三郎ヶ岳
八木東IC
八木
JR山陰本線
出雲大神宮
七谷川
千代川IC
千代川
愛宕神社
京都縦貫自動車道
大井IC
並河
9
亀岡
372
亀岡IC

地図C
木幡
木幡
京阪宇治線
24
宇治川
黄檗
黄檗
JR奈良線
宇治西IC
京滋バイパス
宇治東IC
近鉄京都線
三室戸
宇治
小倉
宇治上神社
宇治神社
JR小倉
宇治

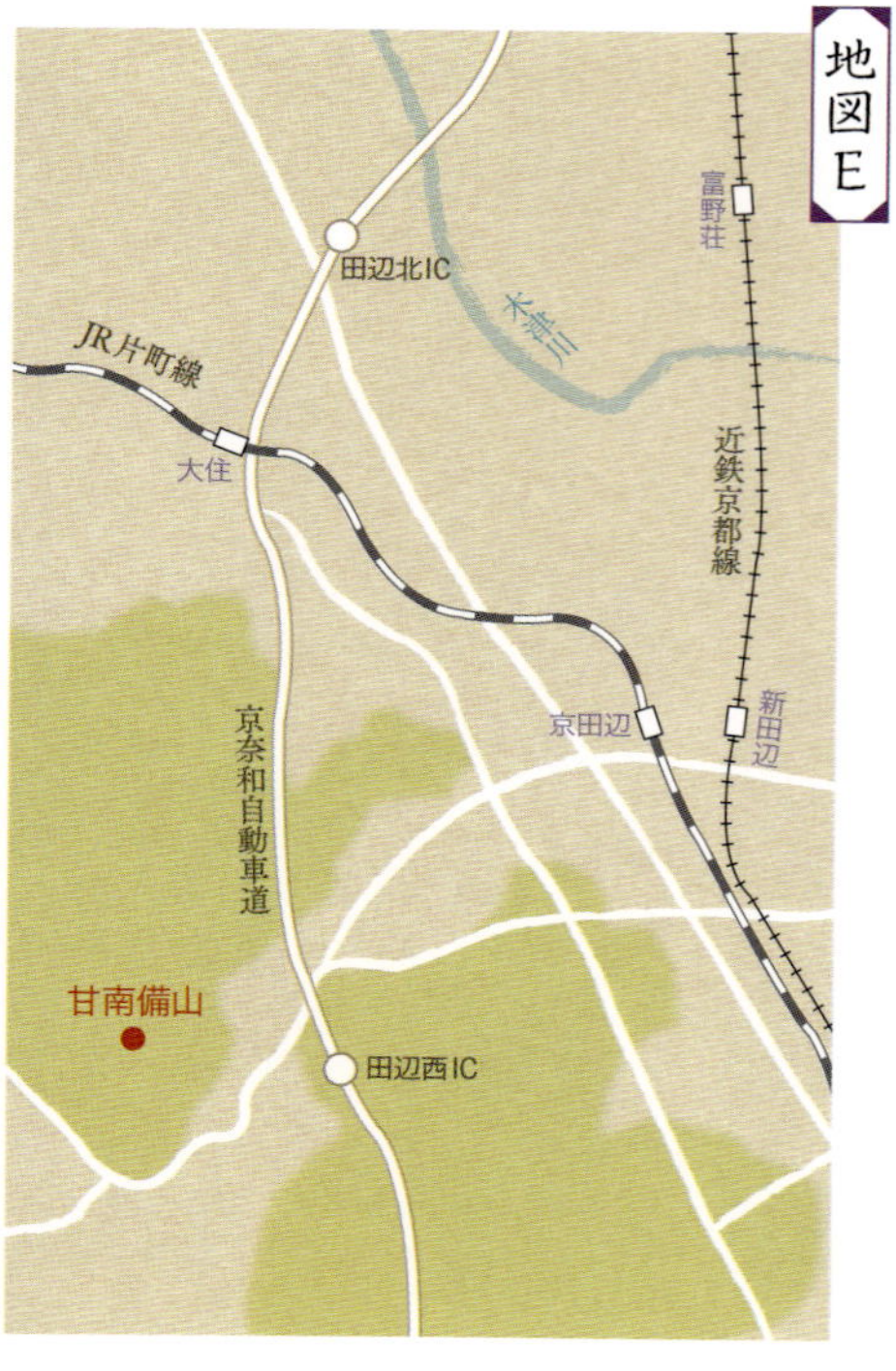
地図E
富野荘
田辺北IC
木津川
JR片町線
大住
近鉄京都線
京田辺
新田辺
京奈和自動車道
甘南備山
田辺西IC

参拝注意事項

最近のパワースポットブームに乗じて、あらゆる方法でパワースポットの情報を得ることができますが、その多くは神社仏閣など、神聖な場所です。摩訶《まか》不思議な場所だからこそ古代から神秘的で特別な場所として神仏を奉《たてまつ》ったのですから、その都度、神仏に対する感謝の念や崇敬《すうけい》の心を忘れることなく、作法にのっとって訪ねてこそ、神仏の御加護《ごかご》をいただくことができるのです。

参拝には、自由参拝と正式参拝がありますが、正式参拝を是非おすすめします。

→正式参拝の作法102頁

◆境内《けいだい》は神聖な場所です。ペットを連れての参拝は、自由参拝、正式参拝のいずれも厳禁と心得てください。

◆服装は、なるべくこざっぱりとしたもので身なりを整え、礼を失しないようにしましょう。

◆社寺の入り口などに由緒《ゆいしょ》書があれば拝見して、祭神のことなど、知った上で参拝するようにしましょう。

◆鳥居《とりい》や山門《さんもん》の手前では会釈《えしゃく》して入り、参道《さんどう》では中央を歩くことを避けて拝殿《はいでん》などに進みましょう。

◆境内で神職や僧侶の方に会ったらご挨拶しましょう。

◆手水舎《てみずや》で手と口を清めるのは、敬虔《けいけん》な態度で神仏を礼拝するための禊《みそぎ》で、謹《つつし》みを表現する意味で、単なる習慣ではありません。

◆神社でも家庭でも、神様にお詣りするときは、基本的には二拝二拍手一拝の作法で行います。

◆仏閣では、両手をあわせて合掌し、心静かに感謝とお願いを念じましょう。

◆御神札、お守りなどは神仏の気が入っていますので、「一体」「二体」と呼びます。

◆御朱印《ごしゅいん》は一般のスタンプなどとは違い、神様、仏様の御心のこもったものですので、神棚に置くなどして、末長く大切にしましょう。御朱印帳は神・仏分けて用意するとよいでしょう。

◆帰途も、鳥居や山門を出たところで会釈し、参拝を終了します。

鞍馬寺《くらまでら》

覚醒の気

本殿金堂前の石の上は京都最強のパワースポット

唐から招来された鑑真《がんじん》和上《わじょう》が伴って来た弟子の一人・鑑禎《がんちょう》が、夢で見た鞍を置く白馬を追って分け入った山に、毘沙門天《びしゃもんてん》を祀る堂を建てた——これが鞍馬寺のはじまりとされています。その後、藤原伊勢人《ふじわらのいせんど》が観世音を祀るため、夢のお告げに導かれ来て、毘沙門天像の隣に千手観音像を安置したと寺伝は伝えています。

しかし、そんな人間の歴史よりはるかな太古、なんと六百五十万年前に金星から地球に降臨した護法魔王尊《ごほうまおうそん》が、鞍馬寺の信仰の中心になっているといわれているのです。毘沙門天、千手観音、そして護法魔王尊の三身を一体として尊天《そんてん》と呼び、鞍馬寺独自の信仰が展開されてきました。仏教寺院でありながら、鞍馬山の自然エネルギーそのものをあがめるこの場所こそ、最強のパワースポットといえるのではないでしょうか。（林）

翔雲台　本殿金堂の南にある翔雲台。石の前にはしめ縄が張られています。

林「わあ、山の緑が清々しいですね」

南「鞍馬のもつパワーは京都でも一番ですからね。自然の力がみなぎっているんですよ」

林「自然の力はすごいなあ。まさに心身を目覚めさせてくれますね」

南「特に平安京の北の守護神・毘沙門天が祀られているところですから、この鞍馬から京都に向かってパワーが発散されているんです。これが翔雲台という石です。お経が埋められた上に置かれたもの」

林「ここからの眺めは絶景ですね」

南「山から発せられる気が谷に向かって降りて、鞍馬全体に満ちているのを感じます」

林「ここに立って手をあわせていると、頭の中も、体もすうっとしてきますね」

南「それが鞍馬の覚醒の気というもの」

林「ここまで登って来た甲斐がありました」

林「鞍馬は毘沙門天と千手観音、そして護法魔王尊を祀る独特の信仰形態でしたね」

南「お寺ではあるけれど、仏教だけでなく、神道や自然崇拝などがあわせられていて、何か宇宙的なパワーも感じさせてくれるところです」

林「宇宙的というと、護法魔王尊は金星から降臨したと」

南「そう。六百五十万年前に」

林「いやあすごい。鞍馬の壮大さには圧倒されますすね」

南「生き方に迷いが出たり、心身が停滞したなと思うときには、鞍馬のような自然のパワーに満ちたところに来るのがよいでしょう」

林「まさに最強のパワースポットですね」

光明心殿(こうみょうしんでん)

本殿左手にある光明心殿には護法魔王尊が祀られています。その前には結界が。初寅大祭(はつとらたいさい)という正月はじめの寅の日に行われる行事の際、ここが護摩供養に使用されます。

❖鞍馬寺→地図B

京都市左京区鞍馬本町1074

☎075-741-2003

拝観時間:9:00〜16:30

愛山費:高校生以上200円、中学生以下無料、ケーブルカー乗車料片道100円

アクセス:叡電「鞍馬」駅より山門まで徒歩約5分/山頂の本殿へは徒歩約30分またはケーブル下車、徒歩約10分

何もないように見えて意味があるんですね（林）
しめ縄の張られた結界は清められた気の立つところ（南）

比叡山《ひえいざん》

平安京の鎮護として鬼門を守るパワー

都の富士ともいわれる霊峰《れいほう》・比叡山。京都から見上げられるのは標高八百三十八メートルの四明岳《しめいがたけ》ですが、周りの山からひと際ぬきんでていることや、山容が美しく整っていることから、実際の数字より高峰に見えるようです。ここは平安京の鬼門・艮《うしとら》（北東）の方角にあたるために、王城鎮護の寺・延暦《えんりゃく》寺《じ》を中心とする霊場が開かれました。

延暦七年（七八八）に最澄《さいちょう》が一乗止観《いちじょうしかん》院《いん》という堂を建立したときは小さな寺でしたが、唐に渡り天台宗の教えを習得して最澄が帰国した後には、桓武天皇の帰《き》依《え》を受け、国家を護る一大宗教拠点として栄えるようになりました。その後は、いわば総合大学のような役目を果たし、円仁《えんにん》や円珍《えんちん》、良源《りょうげん》などすぐれた僧侶を輩出してますます隆盛を極め、鎌倉期には新仏教の宗祖となる、法然《ほうねん》、栄西《えいさい》、道《どう》

西塔　弥勒石仏（みろくせきぶつ）

織田信長による叡山焼き討ちで、ほとんどの伽藍（がらん）や仏像は灰になりましたが、わずかに残ったものもあります。安置されていた堂は焼失しましたが、石造りの弥勒石仏は残り、それ以来、森の中に孤立して座しつづけています。広い境内の中、弥勒石仏の残る西塔の一角は、知る人ぞ知る聖地といえるのではないでしょうか。（写真／寿福 滋）

❖比叡山→地図A-1

京都市左京区と滋賀県大津市との境
アクセス：（京都方面から）山頂へは叡電「八瀬比叡山口」駅より叡山ケーブル、比叡ロープウェイ乗車
※問合せ：京福電鉄075-801-2511
比叡山・延暦寺
滋賀県大津市坂本本町4220
☎077-578-0001
巡拝時間・巡拝料：各塔・時期により異なる

覚醒の気

元《げん》、親鸞《しんらん》、日蓮《にちれん》などがここで学び、独自の思想を深めて飛び立っていきました。比叡山全体が延暦寺の境内であり、東《とう》塔《どう》、西塔《さいとう》、横川《よかわ》の三つの区域に分かれ、さらに多くの谷には堂や僧坊が点在しています。現在でも道場として、千日回峯《せんにちかいほう》をはじめ、厳しい修行がつづけられています。

もともとこの地には大山咋神《おおやまくいのかみ》を祀る日枝《ひえ》の社があり、磐座《いわくら》を中心とした山王《さんのう》信仰がありました。それは紀元前にさかのぼるほど古い信仰で、姿の美しいこの山に古代の人は大いなる気を感じ取ったのだと思われます。それは、その後のいつの時代も変わらぬもの。現在でも街中からふり仰ぐ比叡山は、鬼門を護りつづけた堂々たる威容をもって、私たちによい気をもたらしてくれているのです。（林）

本宮 愛宕神社

愛宕神社《あたごじんじゃ》

（亀岡市）

元愛宕と呼ばれる
愛宕神社の総本宮

出雲大神宮《いずもだいじんぐう》（82頁）から徒歩で約二十分、石松山《いしまつやま》のふもとに愛宕神社があります。民家の間の急な坂を登りつめて石段を上がり、鳥居の手前に立つと、心身ともに浄化されるような清々しい空気につつまれます。

愛宕神社は、火防《ひぶせ》の神として、全国にわたり御分霊が頒祀《はんし》され、その数は千社に及ぶといわれますが、当神社が全ての愛宕の本宮、宗社と尊称されるのも、後に御分霊を京都の鷹峯《たかがみね》より山上に遷《うつ》し祀り、阿多古《あたご》神社と呼称した歴史が残るからです。創祀は遠く神代にはじまり、山を神籬《ひもろぎ》（神の依代《よりしろ》）として祭祀したと伝えられています。祭神は火の神・加具突智神《かぐつちのかみ》とその母神・伊邪那美神《いざなみのかみ》です。江戸時代に入り、国土開発・縁結びの神である大国主命《おおくにぬしのみこと》が祀神として合祀されたことは興味深いところです。『古事記』によれば、伊邪那美神は多くの国を生み、多くの神々を生みに生んだ果てに、加具突智神を生んだ際に負ったやけどの傷がもとで黄泉《よみ》の国へと旅立ちます。

加具突智神は、火を司《つかさど》り、火防の守護神。火の霊力は水の力とともに偉大な生命力をもち、災難除《よ》け、魔除けの神として、生後三歳までに参詣すれば、「愛宕の三ツ詣り」といって一生火難、災難を免れると昔から信仰を集めています。（南）

愛宕神社　木の間から吹く清風が心身の穢れを払ってくれます。

御神木大杉

本殿の前に立ち、手をあわせると、つつまれるような穏やかな気を感じますが、気の上級者は、境内の御神木・大杉を守る高さ1メートルほどの石囲いに手をかざしてみましょう。御神木を中心に斜めに走るピリピリとした感触を感じるはずです。この大杉は「亀岡の名木」として、千年杉と呼ばれ、大切に守られています。多くの神社には、「御神木」と呼ばれる樹齢を何百年も経た大木が育っています。本来自然の一部である人間にも、癒しと活力を得られるよい気のパワーがいただけないはずはありません。

愛宕神社→地図D

亀岡市千歳町国分南山ノ口1
☎0771-23-9341
拝観時間：日中随時　拝観料：境内自由
アクセス：京阪バス「国分」より徒歩約5分／亀岡ICより車で約20分

覚醒の気

蚕の社《かいこのやしろ》

秦氏ゆかりの地
三角の鳥居の神秘パワー

秦氏《はたし》の本拠地であった太秦《うずまさ》には、木嶋《このしま》坐《にます》天《あま》照《てる》御魂《みたま》神社があります。通称名は蚕の社。古代日本に渡来して、養蚕《ようさん》や製糸などの先端技術をもたらした秦氏は、蚕のえさになる桑の木がよく育つように太陽神を信仰したのでしょう。

木が島のようにこんもりとしげるこの地に神を祀り、清らかな水の湧くところに鳥居を建てました。それが今も残る三《み》柱《はしらの》鳥居《とりい》。上から見ると完全に三角形をなす鳥居は三面とも正面で、それぞれの方角には重要な意味があります。その中心には石を積み上げた神座《かみくら》があり、宇宙の中心を表しているといわれています。最新技術をもった秦氏は、古代においては科学であった「気」の用い方にも長けていたのでしょう。この地に一族の繁栄をもたらす神を祀るにふさわしいパワーを感じ取ったにちがいありません。現在、湧き水が涸れてしまっているのが、大変惜しまれることです。（林）

❖蚕の社（木嶋神社）→地図A-2

京都市右京区太秦森ケ東町50
☎075-861-2074
拝観時間：日中随時
拝観料：境内自由
アクセス：嵐電「蚕ノ社」駅または
市バス「蚕ノ社」より徒歩約3分

column 1

三は神代の昔から聖なる数

『古事記』には、三と八の数が度々使われています。天《あま》つ神すべてのお言葉で、伊邪那《いざな》岐《き》、伊邪那美《いざなみ》の二柱がオノゴロ島に天降り、岩を天の御柱に見立てて、原を八尋殿《やひろどの》に見立てた、とあります。八尋殿とは大きな御殿のことを示し、八は大きい、多い、広いなどの意味を表します。一方、小さい、少ない、少ないがゆえに貴重なものを表す数として、三は聖なる数とされています。蚕《かいこ》の社《やしろ》（22頁）の三柱鳥居《みはしらのとりい》と平安京の聖地の位置関係を見ると左図のようになります。

三柱鳥居の指す方位と京都を代表する聖地の位置の三角形のほぼ中央に平安京の重要建造物・大極殿があったことが示されています。

なぜ、これほどまでに三は聖なる数とされるのでしょうか。『古事記』の中ではこの世に一番最初に現れた神は造化三神と呼ばれる三柱の神々であったと記述されています。また、伊勢神宮の「心の御柱」は、三本の檜を絹の綱で二ヶ所結んであり、「天人地」の三才を表しているとされています。古代より、富士山をはじめとした三角形の山は、神の住む山として信仰の対象であります。そういえば、神社の境内で見る神の依代《よりしろ》の立砂《たてずな》も三角形です。三つの直線に囲まれた平面図形は安定感があり、その中心にはもっともパワーが集まるとされ、大極殿も都を守る三角点の中心にあります。（南）

三柱鳥居と聖地の位置関係

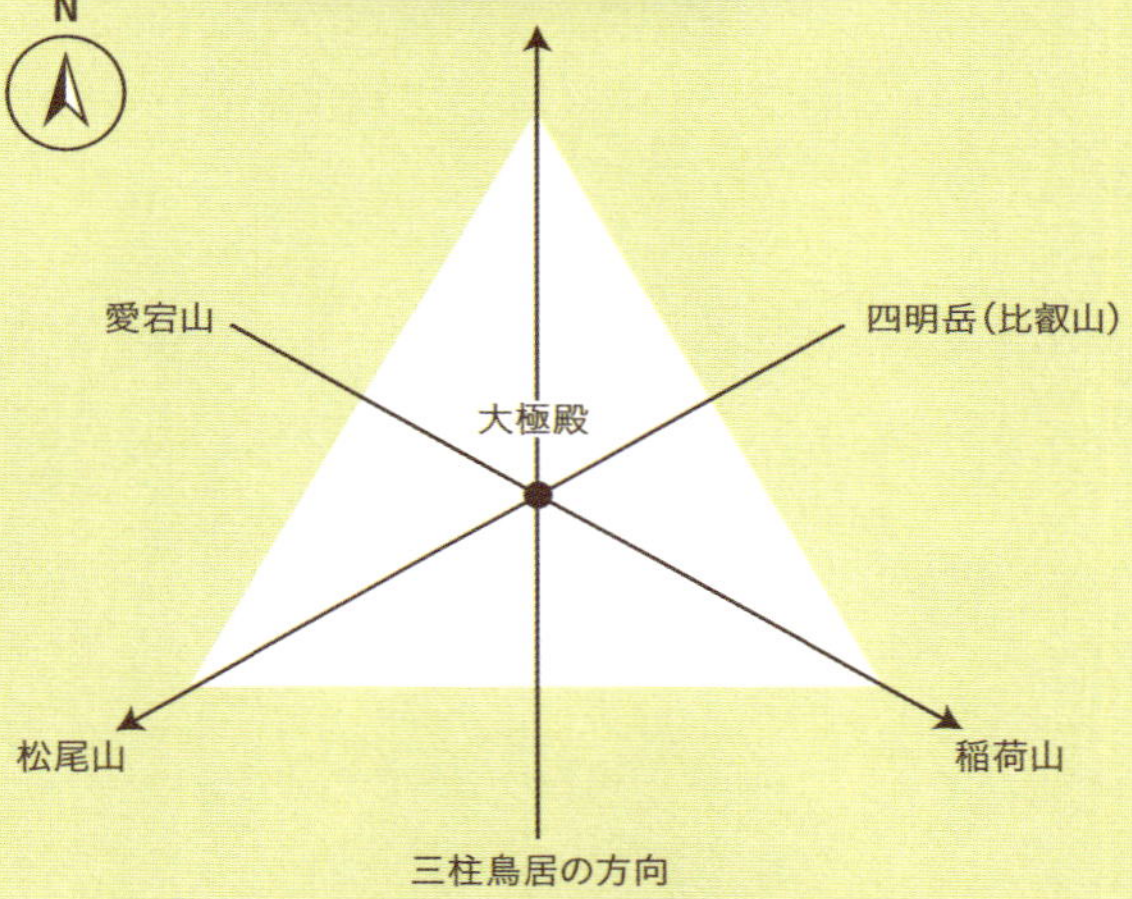

三柱鳥居の指す方位

一説には、三角の頂点の北の方向は、秦氏の故郷・はるか中国の方位を、南の方向は、秦氏につながる賀茂氏に由緒の熊野三山の奥宮・玉置神社を指しているともいわれます。

上賀茂神社の立砂

吉田山《よしだやま》

平安京のラインを決める重要な地

覚醒の気

「紅もゆる丘の花、早緑匂ふ岸の色、都の花に嘯《うそぶけ》ば、月こそかかれ吉田山」、と旧三高の寮歌に歌われた標高約百二メートルの山。現在、この歌の碑が山頂近くに建立されています。古くは神《かぐ》楽《ら》岡《おか》とも呼ばれていました。

貞観元年（八五九）、藤原山蔭《ふじわらのやまかげ》が藤原氏の氏神《うじがみ》として奈良・春日大社の神をこの山に勧請《かんじょう》し、吉田神社として祀りはじめ、それ以後は、平安京における藤原氏の氏神として崇敬を受けるようになりました。室町時代には、神官・吉田兼倶《よしだかねとも》により、吉田神道が唱えられ、江戸時代には全国の神社を支配下におくようになります。

航空写真で見ると、吉田神社と、双ヶ丘（40頁）の一ノ丘にある古墳とが一直線で結ばれることがわかります。現在、このライン上にある一条通

は、かつて平安京における一条大路。つまり吉田山と双ヶ丘を結ぶラインが、平安京の北の線となったのです。原生林と湿地帯が広がっていた京都盆地に都を造営した人は、何度も吉田山と双ヶ丘に登り、新しい都の基準線を見定めたことでしょう。その都は、それまで最長だった平城京の七十四年をちょうど千年上回る千七十四年間、日本の首都として栄えることになりました。（林）

鹿ヶ谷方面から見た吉田山
多くの神々に守られている安心感、安堵感に満たされます。

❖吉田山→地図A-1
左京区吉田神楽岡町
アクセス：京阪「出町柳」駅より徒歩約20分／市バス「京大正門前」より徒歩約5分

伏見稲荷大社《ふしみいなりたいしゃ》

平安京以前からのアニミズムのパワー

朱《あけ》の鳥居がつづく道でおなじみの伏見稲荷大社は、全国に三万社以上ある稲荷神社の総本宮。千本鳥居といわれていますが、実際には稲荷山全体で一万基以上あり、現在も奉納されるごとに数が増えています。日に照り映える朱のトンネルを歩いていくと、自然と心が高揚し、力がみなぎってくるような気がします。これこそ朱のもつパワーでしょう。稲がよく実り、人々に豊かな恵みをもたらしてくれるよう願った古代の人の祈りが、いまも山全体に響きわたっているようです。

祭神の中心をなすのは宇迦之御《うかのみ》魂大神《たまのおおかみ》で穀物・食物の神とされています。日本人の食の基本となる米は、古来霊力をもつといわれ、もののけや病魔などの邪気を祓うとされてきました。現在も多くの初詣の参拝があるのも、日本人が稲荷信仰に心のよりどころをもとめている証でしょう。（林）

上／絵馬
多くの人の願いが書かれた絵馬は、伏見稲荷大社のシンボル狐の形をしています。
下／千本鳥居
鳥居には、「願いが通る・通った」という意味が込められています。

覚醒の気

稲荷山の頂から流れてくる気

千本鳥居をくぐっていくと、「気のたまり場」になっているところがあります。ここには数々の御神徳をいただける社が多数あります。お稲荷様への祈願やお礼詣りに鳥居を奉納されたのでしょう。力強い中にも神秘的なパワーを感じる場所です。

❖伏見稲荷大社→地図A-1

京都市伏見区深草薮之内町68
☎075-641-7331
拝観時間：境内自由
（授与所は7:00〜18:00頃）
拝観料：境内自由
アクセス：JR「稲荷」駅よりすぐ／市バス「稲荷大社前」より徒歩約7分／京阪「伏見稲荷」駅より徒歩約5分

伏見稲荷大社にまつわる稲の話

京都盆地の西北に太秦《うずまさ》という古くからの地名が残っています。東映太秦映画村のあるところといえばよくご存知でしょう。太秦という地名は秦氏《はたし》一族の首長の名前であったとの説があります。お酒の神様として京都の酒造家の信仰を集める松尾《まつのお》大社（96頁）や、商売繁盛や農業の神として全国から参拝者の絶えない伏見稲荷大社が秦氏の氏神《うじがみ》であることからも、秦氏一族がわが国に新しい文化をもたらし、非常に栄えたことがよくわかります。

伏見稲荷大社にまつわるこんな話があります。秦氏の一族は繁栄し、使用人も多く、何の不自由もない暮らしで、その年も田には豊かに稲が実っていました。本家の首長は退屈のあまり、つい遊び心から炊きたてのごはんで大きな餅をつくり、弓の的にして矢を射て遊んでいました。あるとき、いつものように矢を射ていると、突然、的の餅が白鳥になって東の空に飛び去り、姿を消したといいます。神様の罰《ばち》なのでしょう。やがて秦氏の本家は暮らし向きが傾いていきました。首長は、これは食べ物を粗末に扱った神様の罰に違いないと気付き、白鳥の飛び去った東山の三ヶ峰《みつがみね》にいってみることにしました。たどり着いてみると、そこには稲穂が生えていました。そして、そこに稲荷の神を祀り、自分の所業を詫びると、再び秦氏は隆盛を取り戻したといいます。

人々は、秦氏の繁栄にあやかろうと、こぞって参拝するようになったそうです。（南）

釣燈籠の紋は豊かな収穫をもたらす太陽と稲を表しています。また、境内には稲穂を口にくわえたキツネも。実りを得た喜びがあふれています。

ここが
パワー
スポット

上／熊鷹社
しめ縄に下がる稲穂に、命の糧の豊かなエネルギーが満ちています。怪しげに揺れる灯明の火には、願をかける人々の魂の炎を見るような気がします。
左／熊鷹社に接する谺ヶ池

熊鷹社

『日本書紀』には、欽明《きんめい》天皇の幼少の頃のこととして、深草に住む秦大津《はたのおおつ》父《ち》が山で血を流して噛みあう二匹の狼を助けた話が出てきます。おそらく稲の信仰がはじまる以前から、山には神聖な地として神が祀られていたのでしょう。その名残を今に伝えているのが、千本鳥居をくぐり、さらに登ったところにある熊鷹社《くまたかしゃ》。熊鷹社の向こうには新池、通称・谺《こだま》ケ《が》池《いけ》があります。この池には、池に向かって手を打ち、こだまが返ってきた方向に行方不明の人の手がかりがあるという言い伝えがあります。池に面して拝所が設けられ、山に宿る自然の神の象徴として熊鷹の名が冠せられています。暗い祠《ほこら》に灯明が揺れる様子は神秘性を感じさせます。（林）

鳥居の赤は魂を守る魔除《まよ》けの色

お稲荷様の鳥居は大方、赤と決まっていますが、これはなぜなのでしょうか。「あ・か」の「あ」の音は五十音の一番最初の音です。人は、誕生したときに「おぎゃあ」の「あ」で生まれ、「ん」と頭を落としてあの世へと旅立ちます。日本古来の大和ことばによる言霊《ことだま》では「あか」の音は再び「あ」に戻る、つまり「あ」は魂のはじまりの音だといいます。

魂を得た人の身体に流れる血液は赤。その魂を保つ糧は「ひ」（「ひ」は一音で霊を表す音）の火の色で、太陽の恵みで育つ稲にほかなりません。つまり穀物の豊穣の神様である稲荷の神の鳥居は、生命力を表す血液と豊かな収穫をもたらす太陽の色、赤なのです。（南）

林「これだけたくさんの鳥居を見ると、目からも朱のパワーが入って来ますね」

南「朱は丹《に》ともいわれて、水銀からつくられているんですよ。木材の腐食を防ぐ効果があるんです」

林「漢方薬にも使われますよね。まさに古代からの知恵」

南「聖地といわれるところには水銀鉱脈が多いのも深い関連があります。東山三十六峰を走る地脈がこの稲荷山に向かっていますからね。山のよい気がこのあたりに満ちてきているようですね」

林「稲荷の神の使いはキツネですが、これにも意味が？」

南「もちろん。『気が常によい』（気常《きつね》）、という意味があります。商売繁盛ばかりが有名になっていますが、常に気のよいこの大社に来て、拍手《かしわで》を打ち、神様に感謝することが大切なんですよ」

玉山稲荷社

本殿に向かう途中にとても強い気を感じ、引き寄せられるように足が向いたのが、本殿向かって左手奥に祀られているこの社殿でした。元、宮中に祀られ、東山天皇が深く信仰され、変転の後にこの地にたどり着いた歴史があります。例祭が近いとのことで神様の御神威が高まっていたのでしょう。そううかがって納得しました。

船岡山《ふなおかやま》

平安京の中央線で龍が宿る山

覚醒の気

隆起した岩　船岡山の頂。ここから京都市内を一望できます。

平安京造営時に、中心軸・朱雀大路《すざくおおじ》の北の基準点となった山。標高百十二メートルですが、北に向かい標高が上がっている京都では、十分に見晴らしが効きます。船の形をしているための名だといわれていますが、かつては東に池があり、そこから見ると船の舳先《へさき》のようだから、という説もあります。

何万年も前に岩盤が隆起《りゅうき》した山で、頂

❖船岡山・建勲神社→地図A-2

京都市北区紫野北舟岡町49（建勲神社）
☎075-451-0170
拝観時間：日中随時
（社務所は9:00〜17:00）
拝観料：境内自由
アクセス：市バス「建勲神社前」より徒歩約3分／市バス「船岡山」より徒歩約9分

Spot
ここが
パワースポット

建勲神社

船岡山中腹にあり、織田信長を祀る神社。建勲神社の境内にも隆起した岩が見えます。平安京の気の源に建つ神社だけに、魂を揺り動かされるような強い気迫に満ちた気を感じます。

に露出している岩が、神の降臨する磐座《いわくら》として古代人に信仰されたのが聖地・船岡山のはじまりでしょう。平安時代初期に、五穀を食い荒らす害虫をはらう祭りや、疫病退散のための御霊会《ごりょうえ》が行われた記録からも、平安京における聖地として、神聖視されていたことを証明しています。宇多帝《うだ》の鷹狩り、円融帝《えんゆう》の子《ね》の日の宴が行われた遊行の地でもあり、清少納言は『枕草子』で「岡は船岡」とほめたたえています。一方、船岡山西麓および南麓は古くから刑場、葬送の場でもありました。保元の乱後に、源為義《みなもとのためよし》らが処刑されたのもここです。応仁の乱では西軍の陣がおかれ、戦乱の拠点となりました。安土桃山時代には、豊臣秀吉によって、織田信長の廟《びょう》が創建され、明治以降に建勲神社《けんくんじんじゃ》として祀られるようになったのです。（林）

林先生のイチオシスポット

日向大神宮《ひむかいだいじんぐう》

空虚感を埋める気

「京の伊勢」に満ちる神聖なパワー

知る人ぞ知るパワースポットとして、静かに注目を集めている日向大神宮。千五百年以上の昔、高《たか》千穂《ちほ》の峯の神蹟を遷して創建された宮で、天照大神《あまてらすおおみかみ》が祀られています。

「京の伊勢」と呼ばれるように内宮と外宮があり、瓊々杵尊《ににぎのみこと》が祀られている外宮は葦葺《よしぶき》の屋根で、素朴で古風なたたずまいが、雅やかな京の都よりもっと古い時代の

左上・下／**神籬(ひもろぎ)・影向岩**
幣(ぬさ)が立てられた神籬や影向岩など、境内には神聖な空気が流れています。

右上／**外宮**
葦葺の素朴なたたずまいの外宮。気持ちのよい気が山から降りてきます。

右下／**朝日泉御井神社**(あさひいずみみいじんじゃ)
清らかな泉が湧き出している霊泉、朝日泉。京の名泉の一つで、元日には若水祭(わかみずさい)も行われます。

神聖さを感じさせます。境内を流れるせせらぎを越えると石段があり、その上に伊勢神宮を思わせる神明造《しんめいづくり》の内宮。そこには神が降臨する影向岩《ようごういわ》が鎮座しています。境内には数多くの宮が点在し、主要な神々がほとんど祀られています。

　春には桜、秋には紅葉の隠れた名所として、にぎわいを見せますが、いつもは静寂につつまれており、非常によい気に満たされている神社です。東山三十六峰の日御《ひのみ》山《やま》の中腹、市街地からも遠くはないところに、おとずれる人に必ずパワーを感じさせてくれる聖地があること、それが京都の奥深さといえるでしょう。（林）

内宮

内宮の背後にも小さな石造りの鳥居があり、その前に立つ檜(ひのき)は、なぜか樹皮が螺旋状に。これは奥伊勢・瀧原宮(たきはらぐう)でも見られる現象で、磁場の影響ともいわれています。

天岩戸（あまのいわと）

天照大神が身を隠した天岩戸がここに！　戸隠（とがくし）神社と呼ばれ、天手力男命（あまのたぢからおのみこと）が祀られています。ここをくぐって参拝すると開運、厄除けのご利益があります。

❖日向大神宮→地図A-1

京都市山科区日ノ岡一切経谷町29
☎075-761-6639
拝観時間：9:00〜17:00
拝観料：境内自由
アクセス：地下鉄「蹴上」駅より徒歩約15分

伊勢神宮遥拝所（ようはいじょ）

神社を出てすぐの石段を登ると、山頂に伊勢神宮遥拝所があります。京都と伊勢をつないで、天照大神とご縁が結べる貴重な聖地。遥拝をすませて振り向くと、正面に平安神宮が見えます。気持ちのよい山上の空気です。

双ヶ丘《ならびがおか》

平安京の西の地軸を決める重要な地

標高百十六メートルの一ノ丘が北側にあり、百二メートルの二ノ丘、七十八メートルの三ノ丘と順に低くなりながら、三つの峰が南に向けて連なっていることから双ヶ丘と名付けられました。

古くから、この一帯は、渡来系豪族・秦氏《はたし》が支配する土地であり、この丘には彼らの墳墓がつくられたといわれています。一ノ丘の頂にある古墳は、巨大な石で組まれた横穴式石室をもち、太秦《うずまさ》方面を正面としています。太秦はまさに秦氏の本拠地。その古墳こそ古代史で有名な秦河勝《はたのかわかつ》の墓か、と思われますが、考古学的にはさらに一代前の首長のものであろうといわれています。平安京造営のときには秦氏の財力・技術力が重要視されたので、都の西の基準線として、秦氏ゆかりの双ヶ丘が用いられたのも理由のあることだと思われます。平安時代には、都近郊の景勝地として、左大臣・源常《みなもとのときわ》や右大臣・清原夏野《きよはらのなつの》などの別

空虚感を埋める気

荘が営まれました。常の名は常盤《ときわ》という地名に、夏野の屋敷は法金剛院《ほうこんごういん》に姿を変え、それぞれこの地にゆかりを伝えています。また鎌倉時代には、兼好《けんこう》法師が草庵をむすび、『徒《つれ》然草《づれぐさ》』を執筆したところとしても知られています。兼好はこの地から京の都をのぞみながら、世の無常、時のうつろい、人の営みと生死を見つめ、あの名随筆を生み出したのです。今も赤松の茂る美しい丘です。(林)

契りおく花と双の丘の辺に
あはれ幾代の春をすぐさむ

兼好

双ヶ丘

北野白梅町あたりから見た双ヶ丘。右から一ノ丘・二ノ丘・三ノ丘の並ぶ様子がよく見えます。

❖双ヶ丘→地図A-2

京都市右京区御室双岡町
アクセス:市バス「御室仁和寺前」より徒歩約10分/嵐電「御室仁和寺」駅より徒歩約10分

大極殿跡《だいごくでんあと》

風水によって決められた
強力な王城の地

空虚感を埋める気

大極殿跡碑

かつて大極殿のあったあたりは、天の気と地の気が垂直に一本の柱となり、天地交互を成し、陰陽(いんよう)のかたよりがない、穏やかな気がただよっています。無の境地で心静かにときを過ごすと、空虚感を埋める未知の気付きを与えられる場所です。

❖大極殿跡→地図A-2

京都市上京区千本通丸太町上ル西入(内野児童公園内)
アクセス:市バス「千本丸太町」より徒歩約5分

御所の中でもっとも重要な建物、即位式に天皇が着座する高御座《たかみくら》がおかれ、国家儀礼が行われたのが大極殿です。その名は、万物の根源、天空の中心を意味する「太《たい》極《きょく》」に由来するといわれています。平安京では、現在の千本丸太町付近に設置されていました。南北軸の船岡山（34頁）からまっすぐに南へ、東の大文字山（46頁）と西の嵐山を結ぶ線が交差する「天心十字」といわれる地点に大極殿はありました。すなわちこの界隈こそ、京都でも最強のパワーをもつ地だったのです。しかし、何度も火災に見舞われ、安元《あんげん》三年（一一七七）に焼失してからは再建されず、御所が移ってからは荒廃し、内野《うちの》とよばれる野原になってしまったようです。現在は、かつて大極殿北回廊のあった地に建つ石碑だけが過去の栄光を示しています。延暦一三年（七九四）に遷都されたとき、桓武《かんむ》天皇をたたえて「新京楽《しんきょうらく》、平安楽土《へいあんらくど》、万年春《まんねんしゅん》」と百官が声高らかに唱えたこの地の面影は、規模が小さくなった形で平安神宮に遷されています。遷都千百年記念として建立された平安神宮の外拝殿《がいはいでん》は、八分の五のサイズで大極殿を再現したものです。（林）

column 2

御神徳を授《さず》かるための参拝の作法

「正式参拝の作法」(102頁)でも説明していますが、一般的に神社参拝の際には、手水をすませ、心身を清めた後、拝殿に向かいます。神前に立って賽銭を奉納し、拝殿に釣るされた鈴を鳴らします。

拝礼は、まず二拝二拍手一拝でお詣りしますが、拍手《かしわで》の音はできるだけ澄んだ音で打ちたいもの。拍手は開手《ひらて》ともいい、陰陽道《おんみょうどう》では、左手を陽の手、右手を陰の手とします。拍手を打つときのコツは、いったん両手をあわせ、左手(陽)の指先の第一関節目に、右手(陰)の指先がそろうように少しずらして打ちます。このとき、両の掌に空間をつくると、美しく響く、清々しい音で拍手を打つことができます。拍手は、穢《けが》れを祓《はら》う作法であり、また、心身ともに清々しくなるものです。一般的には二拍手が通例となっていますが、神社によっては異なった作法を守っている場合もあり、出雲大社では二拝四拍手一拝での参拝が作法にかない、一般の参拝者もこれにしたがいます。伊勢神宮の神官は、八開手《やひらで》といって八度打ちますが、私たち一般の参拝者は通例通りでよいようです。

神前にいたる参道や拝殿の中央を「正中」といって、そこは神様の通り道とされています。神座《かみくら》とともにもっとも上位となるので、踏んだり横切ったりすることは、作法上においてさけるべきことなのです。

参拝の作法

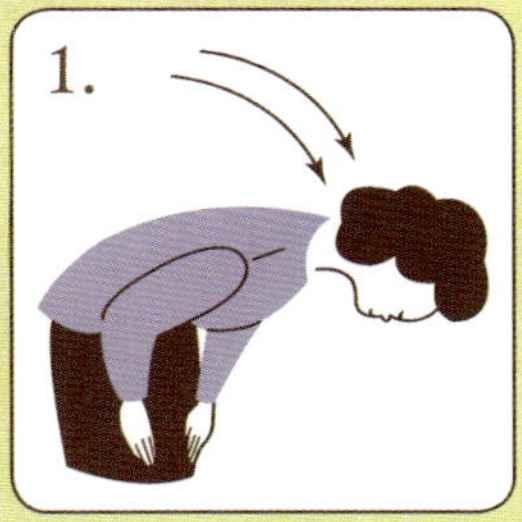

姿勢を正してから腰を90度に曲げ、二拝をします。

胸の前で両手をあわせ、右手の指先を少し下げ、二回手を打ちます。

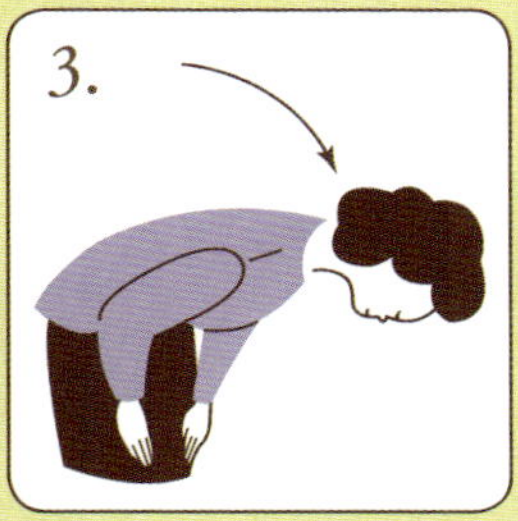

もう一度、一拝をします。

また、参拝に向かう際には鳥居の手前で、参拝の後には鳥居をくぐってから振り返り、感謝をこめて低頭することを忘れないでください。

（南）

大文字山《だいもんじやま》

大の字の中心にみなぎるパワー

空虚感を埋める気

八月十六日の午後八時、大文字山に設置された七十五ヶ所の火床に火が灯され、燃え上がった炎は大の字を京の夜空にくっきりと浮かび上がらせます。つづいて、妙と法の文字、船の形、やや小さな大の字、そして最後に鳥居が燃え上がり、五山送り火が完成します。これは盂蘭盆《うらぼん》にこの世へ戻ってきた死者の魂を、無事にあの世へ送りとどける大切な行事。多くの京都市民と観光客が、燃える炎にさまざまな願いをたくしながら、じっと夜空を見上げるのです。

しかし、この行事がいつはじまったのかは諸説あり、真相は不明のままです。応仁の乱で死んだ大勢の魂をなぐさめるため、という説には説得力があるように思われます。

東山の主峰を成す如意《にょい》ヶ《が》嶽《たけ》は、標高四百七十二メートル。その西側の支峰として火床がおかれる大文字山は約四百六十五メートル。ここからの眺望は京洛随一とも称されます。北の山地から流れる気が強く作用する山といわれ、西正面に位置する嵐山と結ぶラインは、平安京の御所の位置を決める重要な軸線となりました。かつては山中に大寺院があり、聖なる山としてあがめられてきました。(林)

大文字山の火床

火床から一望する京都市内。江戸時代には、霊元天皇が登山し、ここからの眺めを絶賛されたという記録も残っています。

❖大文字山→地図A-1

京都市左京区浄土寺七廻り町
アクセス:登山口までは市バス「銀閣寺前」より徒歩約10分

六角堂《ろっかくどう》

京都の中心地
聖徳太子の発見したパワー

正式名称は頂法寺《ちょうほうじ》ですが、六角堂の名で親しまれてきました。創建は、聖徳太子だと伝えられています。太子は、物部《もののべ》との戦に勝利を祈願した四天王を祀る寺をつくるため、用材をもとめてこの地にやって来ました。いつも身につけていた観音像を枝にかけ、池で沐浴をし、さて像をまた身につけようとすると、枝から離れなくなっていたため、この地にとどまりたいという験《しるし》か、と堂を建てて祀ることにしたという縁起が伝えられています。太子の死後、忠臣・小《お》野妹《ののいも》子《こ》が花を仏前に供えたところから華道発祥の地とされ、池のほとりに僧侶の住まいである坊があったため、「池坊《いけのぼう》」と呼ばれるようになりました。また境内には、丸い穴のあいた「へそ石」と呼ばれる石があり、都のへそを示しています。平安京造営時には、六角堂は道の中央に位置していたのですが、桓武《かんむ》天皇の勅使《ちょくし》が祈ると、おのずから北へ移動して現在地におさまった、との言い伝えもあります。いずれも伝承であって証明はされていないのですが、まだ平安京が影も形もないころに、京都の中心を定めたのも、偉人・聖徳太子ならではの伝説だといえるでしょう。(林)

空虚感を埋める気

Spot ここがパワースポット

六角柳

枝が地面すれすれまで伸びるので地ずり柳とも呼ばれます。平安時代、嵯峨天皇が「六角堂の柳の下を見よ」という夢のお告げにしたがってその場所をおとずれると、そこには絶世の美女がおり、天皇はその女性を后に迎えたという言い伝えがあります。それ以来、「六角堂の柳に願をかけると良縁に恵まれる」とされ、この柳は縁結びの柳として親しまれています。

へそ石

かつてここが京都の中心地だったことからへそ石と呼ばれています。観音様の慈愛の力でしょうか。母の胎内にいた遠い記憶がよみがえるような、安心感にも似たあたたかい気につつまれます。

❖六角堂(頂法寺)→地図A-1

京都市中京区六角通東洞院西入
☎075-221-2686
拝観時間:6:00〜17:00
(納経時間 8:00〜17:00)
拝観料:境内自由
アクセス:地下鉄「烏丸御池」駅より徒歩約3分/市バス「烏丸三条」より徒歩約2分

山から降りる気と川が運ぶ気のパワー

宇治神社《うじじんじゃ》

宇治のはじまりは、『古事記』『日本書紀』に語られる菟道稚《うじのわき》郎子《いらっこ》にさかのぼります。父・応神《おうじん》天皇にその才覚を愛され、皇太子になりますが、異母兄の大山守《おおやまもりの》皇子《みこ》の恨みを買い、命をねらわれたときに、もう一人の異母兄・大鷦鷯尊《おおさざきのみこと》の情報により助かります。

その後、大鷦鷯尊に皇位継承権をゆずり、都を出て宇治の地へたどり着きます。その道案内

古い文献に「山城国宇治郡宇治神社二座」とあるように、かつては宇治上神社と一対をなし、本社摂社とされていました。対岸に平等院ができると、両社とも藤原氏の崇敬を受けることとなりました。分離されて、それぞれが別の神社となったのは、明治になってからのことです。本殿は三間社流造（さんげんしゃながれづくり）。鎌倉時代の建造で、国の重要文化財に指定されています。

❖宇治神社→地図C

京都府宇治市宇治山田1
☎0774-21-3041
拝観時間：日中随時
拝観料：境内自由
アクセス：京阪「宇治」駅より徒歩約5分／JR「宇治」駅より徒歩約13分

をしたのがこの神社のシンボルにもなっているウサギです。しかしその後も皇位のゆずりあいは続き、状況を憂いた菟道稚郎子は自ら命を絶ったといわれています。その郎子を祭神として祀るのが宇治神社。川が流れ、背後に山を負ったこの地に静かな暮らしをもとめて来た郎子は、自らを満たしてくれるものを見出したのでしょうか。頭がよく、心優しかった郎子の悲劇を今に伝えてくれるこの神社、山から降りてくる気と川が運ぶ潤いある気がかもしだす静謐《せいひつ》な空気がいつも流れているようです。（林）

南「宇治というところは、山から降りてくる気と、川が運ぶ気が出会って、独特の空間がつくられています」

林「古代に菟道稚郎子がウサギに導かれて来たというのも、やはりこの地に何か重要なものを感じたということなんでしょうね」

南「そう。特にこの宇治神社の方には、空虚感を埋めてくれるような気があると思いますよ」

林「父・応神天皇から後継者に指名されながら、皇位を継承せずに、兄・仁徳天皇にゆずったといわれている菟道稚郎子に、私はすごく興味がありますね。悲劇の皇子は、この地に空しい気持ちを埋めてくれる気をもとめた、と考えることもできますね」

宇治神社のシンボル

『古事記』の記述によると、大国主命（おおくにぬしのみこと）が助けた「因幡の白ウサギ」は、実は神様の使いであり、現在鳥取県の白兎海岸にウサギ神として祀られています。「う」の音は音霊（おとだま）で神様を表します。宇治神社では、菟道稚郎子を案内したウサギの伝説にちなみ、いたるところにウサギが。手水舎には、龍をモチーフにしたものが多いのですが、ここにもかわいらしいウサギがいます。

南「宇治の山や川の地形は古代と変わっていないと思いますよ。時空を越えて同じ気が流れているはずです」

林「そういうことを知って、心静かに参拝すると、見えてくるもの、感じてくるものがありますね」

南「そう。心静かにリラックスして向きあうことが大切です。それと、ここに来られてよかった、ありがたい、という感謝の気持ちも忘れずにね」

林「手水舎にもウサギがいますよ。まさにウサギに導かれて感謝ですね」

宇治のはなし

「宇治」は神様が治まるところという意味があります。大自然を神とあがめてきた古代の日本人にとって、宇治の「宇」が神を表した音であったことを思えば、都から近い自然豊かな宇治は人々にとって神の治まるにふさわしい地だったのです。

癒しの気

宇治上神社《うじかみじんじゃ》

古代からの聖地 石と水のパワー

悲劇の皇子・菟道稚郎子《うじのわきいらつこ》の住んだ「桐原日桁宮《きりはらのひげたのみや》」があったといわれるのが宇治上神社。境内には今も桐原水《きりはらすい》が湧いています。宇治神社から少し登っただけですが、山の斜面に近づき、またちがう清新な気が流れています。

境内には天降石《あもりいし》と呼ばれる磐座《いわくら》があり、ここが太古からの聖地であったことを示しています。菟道稚郎子はウサギに導かれてこの地に癒しの気をもとめたのかもしれません。拝殿は寝殿《しんでん》造《づくり》の遺構で国宝。本殿は左に郎子、中央に父・応神天皇、右に兄・仁徳天皇を祀る一間社《いちげんしゃ》流造《ながれづくり》で国宝。現存する最古の神社建築として、ユネスコの世界文化遺産に登録されています。（林）

南「しめ縄が張られた御神木には、人の心を浄化するはたらきがあるんですよ」

林「神々しさを感じます。樹齢三百三十年ほどのケヤキですね」

南「この宇治上神社には御神水として桐原水という泉が湧いています。手で触れてみましょう」

林「冷たくて清らかな水ですね。桐原水という名は、桐原天皇と呼ばれた菟道稚郎子にも関連していますね。即位できずに死んだ皇子に、宇治の人は心を寄せて天皇の名で呼んだのでしょう」

南「山から流れてくるよい気を感じます。これは癒しの気でしょう」

林「十一世紀に神社が創建される前から、泉が湧き、磐座があり、山からよい気が流れる、そういう聖地だったのでしょうね」

桐原水

水屋にたっぷりと蓄えられた水は、神社においては霊的に心身を浄化させるための道具。参拝の前には必ず手と口をすすぎ、禊(みそぎ)の行為を忘れずに。

上／本殿

背後の山から降ってくる穏やかな気が本殿に流れてさらにパワーアップし、癒しと新たな活力が得られます。

右／天降石

置いた石が落ちなければ願いが成就するという天降石。神の依代(よりしろ)となる磐の上に、参拝者がそれぞれの思いと願いを込めて積み上げげたのでしょう。姿は見えない神のことを昔の人は「ミアレ」と呼んでおそれかしこんできました。現代にあっても「有り難い」と思う気持ちが神様に通じることでしょう。

山の気
背後の山からは、やわらかい、
包まれるような気が漂ってきます。

❖宇治上神社→地図C

[世界文化遺産]
京都府宇治市宇治山田59
☎0774-21-4634
拝観時間：9：00〜16：30
拝観料：境内自由
アクセス：京阪「宇治」駅より徒歩約10分
／JR「宇治」駅より徒歩約15分

上／神域に入る手前にはほとんど橋がかかっています。橋は、命をつなぐ食べ物を運ぶ「箸」にもつながる音霊(おとだま)で、私たち人間の世界と神の世界(神域)をつなぐものです。

下／ウサギのおみくじ

祭神の菟道稚郎子が道に迷ったときに、ウサギが道案内をしたという言い伝えにちなんだもの。

column

3

不思議なパワーをもつ水の精・水晶

古来、水晶には不思議な力があり、山地から湧き出した清らかな水が固まってできたものが水晶と信じられてきました。したがって、昔から聖人君子は、いつも自分のそばに水晶を携え、水晶から出るパワーによって自分の能力を高め、健康維持するために用いていました。

水晶の中に含まれる鉱物は私たちの身体の奥深くに潜んでいる「オドパワー」を高めるといわれ、このオドパワーは、精神面と肉体面に影響を与え、さまざまなよい変化をもたらすとされています。それによって、潜在パワーを開発し、邪気を祓い、気の調整をし、生気を得ることができるといわれます。水晶の結晶は「陽」の左回りの物と、「陰」の右回りの物に分かれます。

「陽」は、拡散・発散の意味があり、邪気や殺気を生気に変えます。「陰」は、集中・吸収の意味があり、反面、邪気や殺気を取り入れるという悪い意味もあるので、ときどき浄化をする必要があります。きれいに水洗いをした後、一晩だけ海水程度の濃度の塩水に沈め、清《せい》冽《れつ》な水で洗って、満月の夜に月光を浴びせることで浄化は済み、水晶パワーがよみがえります。

また、水晶パワーはカット面の数や形、種類によっても目的の効果が違ってきますから、慎重に選ぶことが大切です。

次に紹介する甘南備山《かんなびやま》にもこの水晶パワーが満ちています。「かんなび」という音の響きから「この山には私の求めるものが必ずある」と直感していましたが、やはり、かつてこの山で水晶を採掘していたということがわかりました。採掘のために谷が崩れ出し、今は採掘禁止になっていますが、確かにこの山には今も「神」としての水晶の鉱脈が走っているのです。あいにく、取材に行った日は雨の日でしたが、水晶のパワーが道をふみしめる足の底からもあふれ、力強い生気を体感しました。(南)

甘南備山の白石
この白石が、平安京の朱雀大路からも光を放って見えたといいます。

甘南備山《かんなびやま》

神が宿る山
甘南備山と神奈備神社

癒しの気

平安京の北の起点、船岡山からまっすぐ南へ、地図に直線を引いた場所に、平安京の南の起点となった甘南備山（神奈備山、甘南美山ともいう）があります。甘南備山は、二つの峰からなり、昔からわが国ではこのように二つの峰からなる山を男女二神に見立て、信仰する習わしがあります。この山においても、高い峰（約二百二十一メートル）を「雄山」、低い峰（約二百一メートル）を「雌山」と呼びます。

「かんなび」とは、いにしえから神の宿る山として信仰の対象であり、雄山の頂には太陽神の天《あま》

照大神《てらすおおみかみ》、縁結びの神様の大国主《おおくにぬしの》命《みこと》をはじめとした神々を祀る神奈備神社があります。いにしえの大和人にとって神とは、地球上のあらゆるものはもとより、宇宙の森羅万象すべてであり、ことに、この山では特別な何かの感覚を体感したのでしょう。予想通り、山頂から少し下ったところに、かつて水晶を採掘していたという谷がありました。今も「水の精」が密やかに静まるこの山だからこそ、古くから村人が豊作を祈り、雨乞いの祈りの山としたのでしょう。

　とてもさわやかで、しかも力強い気が身体中に満ちてくるようで、何度もおとずれてみたくなる山です。（南）

❖甘南備山→地図E
京田辺市薪甘南備山
アクセス：京奈和自動車道「田辺西IC」より車で約5分

城南宮《じょうなんぐう》

方角方位の神の聖地
工事・引越・旅行の際は必ず参拝

平安京の表玄関にあたる鳥羽《とば》の地は、鴨川と桂川が接近して流れ、水利に恵まれたところ。ここに、平安時代末期、壮麗な鳥羽離宮がつくられました。白河上皇、鳥羽上皇、後白河上皇、後鳥羽上皇とつづく院政の時代、政治や文化の中心として副都心の役割を果たしていたのです。平安遷都の際に創祀されたと伝える城南宮には、神功《じんぐう》皇后・大国主命《おおくにぬしのみこと》と同神である八千矛神《やちほこのかみ》・国常立尊《くにのとこたちのかみ》をはじめとする神々が祀られています。院政の時代には離宮の守護神とあがめられ、城南祭は、華やかな神輿《みこし》渡御や流鏑馬《やぶさめ》、競馬が奉納され、見物の人で賑わいました。

また当時大流行した熊野詣《くまのもうで》の際は、当地に七日間こもって精進潔斎《しょうじんけっさい》し、無事を祈って出発するのが習わしでした。このことから方角の神として、旅行や転居などの守護神、さらに交通安全の神として近年ますます信仰を集めています。

そして、もともとこの地に祀られていたといわれる真幡寸《まはたき》神社は、境内に摂社として祀られています。また、境内に湧く菊水若水《きくすいわかみず》は、若狭《わかさ》から送られ、東大寺で汲まれるお水取りの水が流れていく途中にあるといわれ、霊験あらたかな名水として、多くの人が病気平癒を願って汲みにやって来ます。上皇・法皇らの病も治したという言い伝えが今に生きる名水です。（林）

方違(かたたが)えについて

『源氏物語』などの古典文学によく登場する方違え。目的の方角へいくとき、そこに方位神と呼ばれる神がいると、その方角を避けて、一旦ちがう方角に滞在してから目的地へ向かう、ということが陰陽道(おんみょうどう)に基づいて、平安時代以降よく行われていました。そのとき滞在する場所として、よく神社や寺が選ばれましたが、特に方位の神として名高い城南宮が方違えの場所として好まれたようです。そんな習慣のすたれた現代でも、自動車の厄払いなど、移動の多い現代人の信仰を集めています。

❖城南宮→地図A-2
京都市伏見区中島鳥羽離宮町7
☎075-623-0846
拝観時間:日中随時
拝観料:境内自由
アクセス:地下鉄「竹田」駅より徒歩約15分／市バス「城南宮東口」より徒歩約3分

写真提供／城南宮

磐座信仰と神の山は
京都の根源パワー

癒しの気

上賀茂神社《かみがもじんじゃ》

下鴨神社とともに山城国一の宮、京都の産土《うぶすな》の神として太古から信仰されてきたのが上賀茂神社です。正式名称は賀茂別雷《かもわけいかづち》神社。その起源は、神社の北北西にそびえる神山《こうやま》に賀茂別雷大神が降臨された太古にまでさかのぼるといわれています。六世紀欽明《きんめい》天皇の時代に行われた祭礼に由来するのが、現在も京都三大祭として華やかな王朝絵巻がくりひろげられる葵祭です。『源氏物語』などの古典文学に数多く登場し、その行列の優雅さはあまりにも有名ですが、元来は、万物が成長いちじるしい時期に五穀豊穣を祈る農業儀礼、そのもっとも古い形を残すという厳粛な神事が根幹を成す祭礼なのです。また、境内を流れる清らかな御手洗川《みたらしがわ》で行われる夏越《なごし》の祓《はらえ》の折に詠まれた和歌が百人一首に選ばれ、多くの人に愛誦されています。（林）

風そよぐならの小川の夕暮は
　みそぎぞ夏のしるしなりける　藤原家隆《ふじわらのいえたか》

山城国の一の宮、京都の産土の神がこの上賀茂神社ですからね。鳥居をくぐると、すぐに気が異なるなと感じますよ（南）
ここから神域ですね。心して鳥居をくぐらなければ（林）

林「境内に入ると真っ先にこの立砂《たてずな》が目にとまりますね」

南「美しい円錐形でしょう。神様が降臨される神籬《ひもろぎ》です」

林「砂の頂に松葉が挿してありますね。まるで神様を感知するアンテナのよう」

南「最初に神様が降臨されたのは、背後にある神山なんですよ。おそらくその山を模した形になっているのだと思います」

林「社殿が立派に整えられるよりずっと以前から、神様が降臨した山を聖地としてあがめる信仰があったんですね」

南「神社が創建されるのは、そういう聖地ですから。古代の人は、現代人よりも、磁場などにも敏感だったのでしょう」

林「敏感といえば、古代の人は言霊《ことだま》信仰によって、言葉のひびきにも感じることが大きかったのでしょう。『カミ』と『カモ』も同じ神聖なひびきとして聞いていたのかな」

南「ああ、そうかもしれませんね」

上／立砂
境内に入ってすぐ目にとまる立砂。三角に砂が盛られている神様の依代（よりしろ）です。

下／上賀茂神社の参道
京都のパワースポットの中で最も清浄な気を感じることができる上賀茂神社。鳥居をくぐり、神域にひと足踏み入れると、誰でも心が洗われるような清涼感を実感できるはずです。

拝殿の向き

正面の神門の向きは、神山を背に東南方位を向いているので、「おや?」と思ったのですが、やはり神様は北を背に、南を向いていらっしゃいました。

八咫烏のおみくじ

八咫烏（やたがらす）は神武天皇を熊野から吉野へと導いた神様。きっと、このおみくじが人生の正しい道案内をしてくださることでしょう。

林「本殿は神山を背後にする向きに建っているんでしょうね」

南「私はいつも上賀茂神社に来ると、本殿の向きが少し通常とちがうような気がするんですが……」

林「神社は普通、南向きに建てられますね」

南「そうなんです。ここはどうですか?」

林「磁石で調べると、やはり南向きですね」

南「そうですか。では、境内への入り口と向きがずれているんですね」

上賀茂神社の末社・岩本神社の権地（ごんち）

権地とは、社殿の修復などの際に、神様の仮のお住まいが建てられる御敷地（みしきち）です。遷宮に際し、ごく最近まで神様がいらした神聖な場所なので強い神威を感じたのでしょう。

南「パワーを受け取ると手に表れるんですよ。赤みを帯びたり、班が浮き出たり」
林「そうぃえば、なんとなく赤くなってきたような気がします」

上賀茂神社には、複数のパワースポットがありますが、特に最強のパワースポットは、御物忌川（おものいがわ）に架かる玉橋のかたわらの「岩上さま」と呼ばれる磐群です。

願い石

両手で触れると願いがかなうといわれる石。通常は非公開の渉溪園（しょうけいえん）の中にありますが、毎月第一・第三日曜日のみ10時から16時まで開門しています。古来、日本人は万物に神の存在を感じてきました。磐座（いわくら）は、縄文時代にさかのぼる神の依代のひとつです。

❖上賀茂神社（賀茂別雷神社）→地図A-1

[世界文化遺産]

京都市北区上賀茂本山339

☎075-781-0011

拝観時間：二の鳥居内5:30〜17:00

拝観料：境内自由（特別参拝500円）

アクセス：市バス「上賀茂神社前」よりすぐ

林「本殿と境内の入り口と鳥居とが一直線に並ばないようになってます」

南「きっと気の通り道に配慮してつくられているんでしょう。気がただ外へ向かって逃げていかないように」

林「ああ、それでこの神社にいるだけで、癒されていくような気が満ちるんですね」

南「このカラスのおみくじは、神武天皇の道案内をした八咫烏がデザインされたものです」

林「八咫烏と賀茂の神とは密接なつながりがありますね。大和朝廷をひらいた一族と賀茂氏とは友好関係にあったということでしょう」

南「そうでしょうね。この神社には磐座が多くありますね。岩の上に神官が座って祝詞《のりと》を唱える神事も行われているんですよ」

林「古神道というか、自然崇拝のような古い信仰の形を残しているんですね。この石の神籬もすごく神々しいなあ」

column 4

おみくじの歴史と凶札と吉札の扱いの作法

初詣や旅行先で神社仏閣を参拝したときにおみくじを引いたことがある方は多いと思います。おみくじは、神様のお告げをうかがう神聖なもの。口と手を清め、三度深くお辞儀をして真摯《しんし》な気持ちで受けるのが作法です。

おみくじの歴史は、つまびらかではありませんが、一説には、天台《てんだい》宗・延暦寺《えんりゃくじ》の第十八代座主・良源《りょうげん》（元三《がんさん》大師）が五言絶句の漢詩百首で運勢の吉凶を詠まれたのがはじまりといいます。平安時代の歴史書に「玉籤《たまくじ》」として出てきますし、天文学、運命学に通じた天皇として知られる天武天皇は、「ひねりぶみ」を取って謀反《むほん》を占ったことが古書に記されています。

現代のおみくじはさまざま。うかがいたい目的にあわせて参拝の社寺を選ぶのもよいでしょう。

しかし、作法にのっとり、あらたまった気持ちでおみくじを引いたのに、なんと凶札を引いてしまったら……。心配しなくても大丈夫です。

おみくじの結び方

まず、おみくじを四つ折りにします。

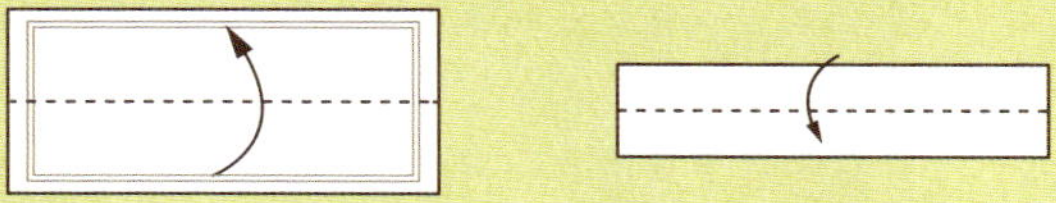

凶を吉に

左を上にして結ぶ

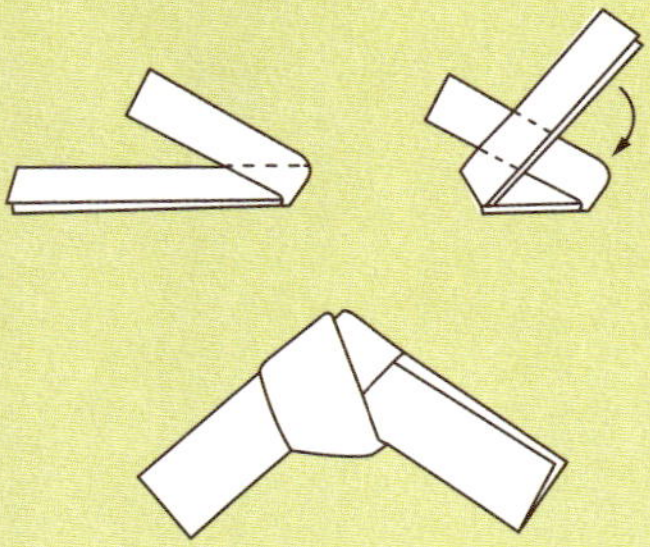

吉をさらに増幅

右を上にして結ぶ

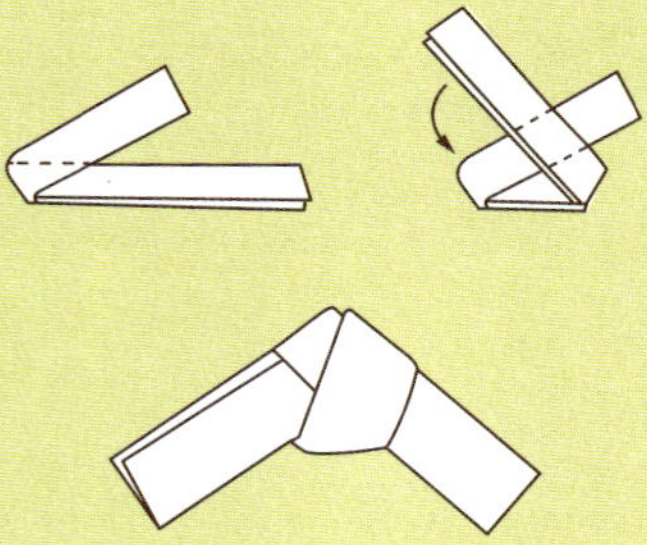

凶札の場合、境内の樹木の枝に結ぶときの結び方で、凶札の凶を緩和して吉に転換する方法があるのです。結ぶときには、「神様、どうぞ私の凶を引き受けてくださいませ」とお祈りの一言を忘れないでください。

幸いにも吉札が出た場合は、さらに吉意を増幅させる結び方の秘法を伝授しましょう。吉札をどうしても手元に持っていたい人は、必ずしも樹木に結び付ける必要はありません。図のように結んで、金運の願いなら財布に、そのほかの願いごとは手帳やバッグのポケットにひそませてもＯＫです。（南）

下鴨神社《しもがもじんじゃ》

古代の姿を残す原生林
糺の森のパワー

癒しの気

はるか紀元前から、神々の坐《おわ》す地として、上賀茂神社とともに山城国一の宮としてあがめられてきたのが、この下鴨神社。初代の天皇である神武天皇の東征のとき、道案内をした八咫烏《やたがらす》こそ、この神社の西殿の祭神・賀茂《かも》建角身命《たけつぬみのみこと》だといわれています。

東殿の祭神・玉依媛命《たまよりひめのみこと》は縁結び、安産などの守護神で、縁起では、玉依媛命が鴨川の上流より流れてきた矢を床に祀っていたところ、美しい男神と化したので、結婚したと伝えられています。その後、産まれた神が上賀

❖下鴨神社（賀茂御祖神社）→地図A-1
[世界文化遺産]
京都市左京区下鴨泉川町59
☎075-781-0010
拝観時間：6:30〜17:00
（糺の森は随時）
拝観料：境内自由
アクセス：京阪「出町柳」駅より徒歩約10分／市バス「下鴨神社前」または「糺ノ森前」よりすぐ

茂神社の祭神・賀茂《かも》別雷《わけいかづちの》大神《おおかみ》であることから、正式名称は賀茂《かも》御《み》祖《おや》神社《じんじゃ》。境内周辺からは弥生時代の遺跡が多数発掘されていることからも、その起源の古さがわかります。

境内南に広がる糺《ただす》の森は、有史以前からの原生林と同じ植生を残しており、現在も約十二万平方メートルの広さをもち、多くの和歌に詠まれてきた歌枕でもあります。（林）

連理の賢木（れんりのさかき）

糺の森の中にある下鴨神社の末社、相生（あいおい）社の側に二本の木が結ばれてひとつになっている賢木があり、男女の変わらぬ固い契りを表す連理の賢木と呼ばれています。玉依媛命の丹塗の矢の神話では、矢の色は朱色で、「運命の赤い糸」の色です。木の前に立ち、目を閉じて胸のあたりに赤い丸い輪を想像してみましょう。なんとなく輪のあたりがあたたかくなってきた気がしたら、願いはきっと叶います。

癒しの気

貴船神社《きふねじんじゃ》

想いをかなえる水のパワー

貴船神社の奥宮（おくのみや）につづく参道

写真提供／貴船神社

❖貴船神社→地図B

京都市左京区鞍馬貴船町180
☎075-741-2016
拝観時間：6：00〜20：00
（12月1日〜4月30日は18：00まで）
拝観料：境内自由
アクセス：叡電「貴船口」駅より徒歩約30分／京都バス「貴船バス停」より徒歩約5分

水占みくじ

水にうかべると占いの結果が浮かび上がるおみくじ。水は、交わり・秘密・和合などを暗示します。また、隠れた裏の暗示として家庭・永遠の意味も。

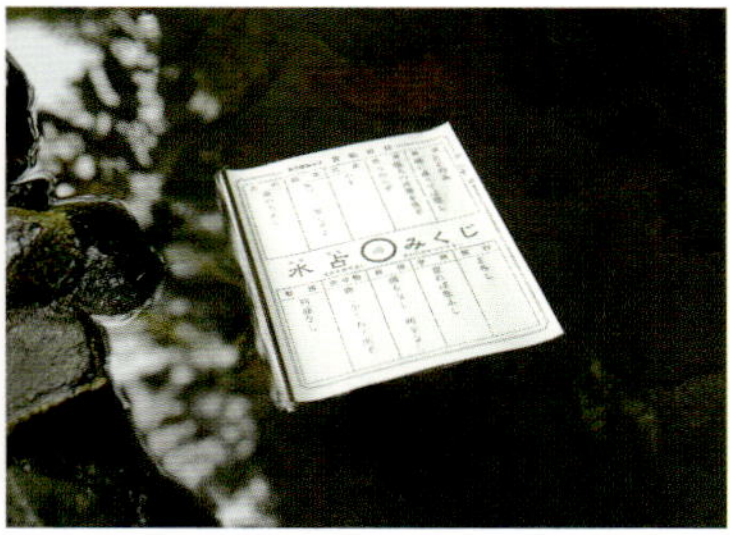

鞍馬寺とともに京都の北方を守護する役割を果たすのが貴船神社。祭神に、澄んだ水を司《つかさど》る高龗神《たかおかみのかみ》を祀ることから、濁らずに「きふね」と発音します。創建は、古く反正《はんぜい》天皇の時代に神武天皇の母である玉依姫命《たまよりひめのみこと》が黄色い舟（黄船《きふね》）に乗り、この地にたどりつき、水神を祀った伝説にまでさかのぼるといわれています。また気が生ずる根源という意味で「氣生根《きふね》」ともいわれ、清流とともに常に聖なる気が発生している地だとされています。

古くより雨が降るのを祈願するときには雨雲を表す黒い馬を、雨が止むのを祈願するときには晴天を表す白い馬を奉納するという習慣がありました。人間にとって欠かせないものであるとともに、恐ろしい災害をもたらす水の力、これを龍になぞらえて畏怖《いふ》した古代の人の祈りがこの貴船には満ちています。奥宮本殿の地下には龍穴《りゅうけつ》という自然の洞窟があり、誰も見ることは許されていません。神秘的な水の世界、それが貴船の本質なのです。

（林）

貴船神社の奥宮

貴船神社の本宮から上流に進むと、結社《ゆいのやしろ》があり、磐《いわ》長姫命《ながひめのみこと》が祀られています。伝説では、瓊瓊杵尊《ににぎのみこと》に結婚をこばまれたためにこの地に身を隠し、人々には良縁を授けようと、縁結びの神になったとされています。さらに進むと奥宮。一説には谷底暗闇の龍神ともいわれる闇龗神《くらおかみのかみ》が祀られています。丑の年、丑の月、丑の日、丑の刻に降臨したことから、人を呪詛する丑の刻参りの地として知られるようになりましたが、元来は心願成就のための夜参りであり、呪詛の意味はないということです。和泉式部が、夫との復縁を願い、夜参りのときに和歌を詠んだところ、貴船の神から歌が返ってきたという伝説があります。（林）

ものおもへば沢の蛍もわが身より
　あくがれいづる魂《たま》かとぞみる
　　　　　　　　　　和泉式部

おく山にたぎりて落つる滝つ瀬の
　玉ちるばかりものな思ひそ
　　　　　　　　　　貴船明神

結社

境内には、良縁を祈願する人々の、結び文がたくさん結ばれています。下の写真は貴船の山奥から出土した天乃磐船と呼ばれる自然石で、重さは6トン。

相生(あいおい)の杉

結社から奥宮へ行く間に樹齢千年の大きな御神木があります。同じ根から生えた二本の杉です。二体一心を表し、男女の縁のみならず、お互いに因縁によって成り立つ関係の二人が固い契りを誓えば、永久に変わらぬ仲を約束されます。奥宮境内にも、入ってすぐ左手に連理(れんり)の杉があり、これは杉と楓が和合した大変珍しい御神木です。

船形石

玉依姫命が黄船に乗ってこの地にたどりついたという伝説にまつわる石積で、奥宮本殿の横にあります。積んである小石を持ち帰ると航海安全のご利益があるといわれたそう。

奥宮の本殿

column 5

縁結びの神様

縁結びの神様といえば、誰しも出雲大社の祭神である大国主命《おおくにぬしのみこと》を思い出すことでしょう。陰暦十月の異称は「神無月《かんなづき》」。諸国の神々が縁結びの会議のため、こぞって出雲に出向いて留守になさることからそう呼ばれるようになったといわれます。一方、その神々が集う出雲はこの間「神在月《かみありづき》」となります。神々はなぜ、出雲にお集まりになるのでしょうか。

無論、神々の会議の目的は縁結びにあります。諸国の神々が年に一度、大国主命と膝を突き合わせ、男女の仲はもとより、人、物、健康、お金、仕事等々、あらゆる縁を結ぶことだけでなく、「人間が立派に成長するように」と結びの力を私たちに与えてくださる相談をなさるのです。大国主命には多くの別名がありますが、それぞれの御神名にはそれぞれの御神徳があるわけで、大国主命の御神徳がいかに広く深いものであるかがわかります。江戸時代には、大国主命と大黒様《だいこくさま》は語呂が合うことから同一視されていました。今でも、福の神である大黒様と大国主命は混同されがちですが、大国主命は、出雲地方を中心に活躍された国造りの神です。『古事記』の記述によると、大国主命は他の神々に比べてロマンスの話が多く、それが縁結びの神となられた所以《ゆえん》なのでしょう。

京都にも地主神社、貴船神社、野宮神社など、縁結びで有名な場所が多くあります。良縁祈願や悪縁断ちのお願いごとを求めておとずれる場所も、ある意味でよい気をもらえるパワースポットといえるのではないでしょうか。

次に紹介する出雲大神宮は、その名の通り出雲大社にゆかりのある、京都のとっておきの縁結びスポットです。（南）

出雲大神宮の絵馬

毎月、四週目の日曜日は「縁結び祭」で、特別な絵馬を奉納できます。水引が書かれた特別なものなので、「運命の赤い糸」の赤色で字を書くのもよいでしょう。男女別の色でからめてもよく、決まりはありませんが、願いを込めて奉納しましょう。

南先生のイチオシスポット

出雲大神宮《いずもだいじんぐう》

癒しの気

日本一の縁結びの神様が坐す山

山深い禁足の地へ——

京都盆地から旧山陰道は老《おい》ノ坂《さか》峠のトンネルを越えると亀岡盆地が明るくひらけてきます。千年の歴史を秘め、京都の嵐山あたりで桂川《かつらがわ》となる保《ほ》津川《づがわ》を渡り、しばらく車を走らせると丹波《たんば》国の甘《かん》南備《なび》山、御蔭《みかげ》山のふもとに「日本一の縁結びの神」として大国主命《おおくにぬしのみこと》と、御后神の三穂津姫命《みほつひめのみこと》のご夫婦の神が仲良くお祀りされる丹波国一の宮・出雲大神宮が鎮座します。一説には、現在島根県に鎮座される出雲大社の神は、もともと、ここ丹波国に祭祀されていた神が後にお遷りになったといわれ、ここは「元出雲」とも呼ばれたそうです。後世、崇神《すじん》天皇が丹波地方全域を平定された折に再興された記録が残っています。

　近くを流れる保津川は御后神の三穂津姫から名付けられたといわれていますが、三穂津姫の「ミ」は神の意であり、「ホ」は稲穂を指し、「ツ」は助詞の「の」で、農業の守り神であり、大国主命とともに、神と人、人と自然とを取り結ぶ女神であったようです。（南）

Spot

ここがパワースポット

みかげの滝

鳥居をくぐり、一歩神域に足を踏み入れると、早々に穏やかでつつまれるような空気を感じますが、パワースポットとして特におすすめの特別な気を感じたのは「みかげの滝」の前に立ったときでした。出雲大神宮の神体山の御蔭山（御影山ともいう）に点在する多くの磐座（いわくら）の神気が、みかげの滝に吸い寄せられるように集まり、一時周辺を満たした後、本殿後方の結界の張られた禁足地（きんそくち）の中に鎮座する高さ三メートル、幅三メートル、奥行き二・五メートルほどの巨大な磐座の方向へ流れ、本殿へ流れて止まります。滝のそばには「常によき気あり」＝「キツネ（気常）」と語るお稲荷社があります。不可能を可能にする力を与えてくださる強さと、癒しの気を感じるはずです。

磐座

御蔭山の中腹には、もう一座、上の磐座と呼ばれる岩塊が大小さまざまな磐座群の中にあります。中には、国常立神（くにのとこたちのかみ）が降臨された岩もあり、宇宙の神気は、あなたに強い勇気と決断を与えてくださるでしょう。

真名井(まない)のいずみ

御神体山から絶えず湧き出る水。霊験あらたかな水として、いにしえより人々を潤してきました。今も、一年を通じて絶えることのない湧水は、万病を癒すといわれ、遠方からもこの水をもとめておとずれる人がたくさんいます。

夫婦岩（めおといわ）

大きい岩が夫（男性）を、小さい岩が妻（女性）を表し、夫婦和合、縁結びの御神徳をもとめてお詣りされる人が絶えません。しめ縄にかけられた祈願の奉納絵馬は、後にすべて御祈祷されます。

本殿に降りるパワー

後方に御神体山の御蔭山があり、山から聖なる気が降りてきています。

❖出雲大神宮→地図D

京都府亀岡市千歳町千歳出雲無番地
☎0771-24-7799
拝観時間：日中随時
拝観料：境内自由
アクセス：京阪京都交通バス「出雲神社前」よりすぐ

活力を与える気

近衛邸跡《このえていあと》

生命の源 水の強い徳を感じる池

東京への遷都を機に京都御所の周辺にあった各宮家や公家の邸宅も住まいを移され、京都御苑には屋敷跡が残るのみとなっています。その中で、はじめて近衛邸跡の池のほとりにたたずんだとき、強い水の気とともに心を洗われるような清々しい気につつまれたことを思い出します。『五行大義』という中国の書物には、子孫が祖霊を祭祀すれば、子孫の徳行と供養《くよう》に報いるべく、祖霊も彼らに「介福」という大きな福をもたらすと説いています。

水と宗教行為とは占術的にも関連があり、木火土金水の五行で水の五行が強い人には、宗教に縁が深い人が多いようです。また、水のめぐる時節に人の心が祖霊祭祀を軽んじ、「水は生命の源」という本質を忘れたとき、天に逆らったとして自然界に水があふれ、水の災いが生じ

るといいます。神代の昔より、万物が生み出されるのは、「生霊《むすび》の神」のはたらきによると考えられてきました。この水のはたらきに感謝をし、水の徳に感謝をしながらパワースポットを訪ねれば、ゆたかな癒しと活力を得ることができるでしょう。（南）

近衛邸跡の池

近衛邸跡は京都御苑の北部にあります。北は、陰陽五行（いんようごぎょう）でいえば、陰の極みの「水」の方位にあたります。旧宮家の中でも特に池（水）の規模、また、それを取り巻くほとりの木立（木）が豊かな近衛邸跡は、陰陽道（おんみょうどう）の水生木の生気で、水の徳（浄化・再生・再起・和合）と木の徳（縁・希望・可能性・繁栄）のパワーの高まりが期待できます。また、池のほとりは糸桜の名所で、孝明天皇も歌に詠まれています。

❖近衛邸跡→地図A-1

京都市上京区京都御苑3（京都御苑）
☎075-211-6348
拝観時間：日中随時　拝観料：苑内自由
アクセス：地下鉄「今出川」駅より徒歩約3分／京阪「出町柳」駅より徒歩約15分

大将軍八神社《だいしょうぐんはちじんじゃ》

無数の神像を蔵す
方角方位の神の聖地

　平安京造営時に、方角を司《つかさど》る神として大将軍《だいしょうぐん》が祀られたのが、この神社のはじまりです。

　大将軍とは、陰陽道《おんみょうどう》において魔王天王《まおうてんおう》とも呼ばれる大鬼神《だいきしん》で、三年ごとに住処を変え、その方角は何をするにも凶だといわれました。平安京では方角に関する信仰が強く、四方に大将軍を祀る神社がおかれました。この大将軍八神社もそのひとつで、大内裏の北西隣に位置し、その場所は千二百年後の現在も変わっていないといわれています。神社の名は、疫病の神としておそれられ、素盞嗚尊《すさのおのみこと》と同一視された牛頭天王《ごずてんのう》の八柱《はちはしら》の王子に由来します。

　境内には八卦を意味する「乾《けん》・兌《だ》・離《り》・震《しん》・巽《せん》・坎《かん》・艮《ごん》・坤《こん》」の字が刻まれた八角形の石のモニュメントがあり、八方の方角を示しています。圧巻は、方徳殿《ほうとくでん》におさめられた約八十体の神の木像。うす暗い堂内に平安時代につくられた神像がひしめく光景は、日本中どこをさがしてもほかにはありません。まさに神々に護られた都であったことを実感させてくれる神社なのです。（林）

方徳殿
本殿の右にある方徳殿には、無数の神像がおさめられています。北西・乾の方位は「天門」ともいい、最も高貴の方位。背後の五色の幣(ぬさ)は中央の黄色を中心に四正方位の色を表しています。

天球儀
方徳殿の二階に展示されている天球儀。天球儀とは天空を球面に見立て、星を描いたもの。天文が読めずに陰陽道は解けません。

❖大将軍八神社→地図A-2
京都市上京区一条通御前西入西町48
☎075-461-0694
拝観時間:6:00～18:00(社務所は9:00～17:00・方徳殿は10:00～16:00)
拝観料:境内自由(方徳殿入館料500円)
アクセス:嵐電「北野白梅町」駅より徒歩約10分/市バス「北野白梅町」より徒歩約8分
※方徳殿は5月1日～5日、11月1日～5日のみ一般公開。上記以外は要予約。

神泉苑《しんせんえん》

気の龍が水を飲む回復パワーをもつ泉

活力を与える気

流れこむ川も、流れ出す川もなく、湧き出る泉だけで千年以上涸れることのない、それが神泉苑の池。桓武天皇が延暦一九年（八〇〇）におとずれ、以後、花見や月見など雅な宴の場として、皇族貴族に愛されました。天長元年（八二四）には、西寺の守敏《しゅびん》と東寺の空海が祈雨の法をここで競い合い、見事、空海が勝ったことから東寺との縁を深めたといわれています。東寺が今もなお栄え、西寺が早くに滅びてしまったことにも、神泉苑

❖神泉苑→地図A-2
京都市中京区御池通神泉苑町東入
☎075-821-1466
拝観時間：9:00〜17:00
拝観料：境内自由
アクセス：地下鉄「二条城前」駅より徒歩約3分／市バス・京都バス「神泉苑前」よりすぐ

が関わっていたのです。以来、この池には水を司《つかさど》る善女龍王《ぜんにょりゅうおう》が住むと伝えられ、雨乞いの場所として神聖視されてきました。貞観《じょうがん》五年（八六三）には疫病が蔓延したので、怨霊を鎮める御霊会《ごりょうえ》がここで行われました。貞観一一年（八六九）には、境内に日本の国の数をあらわす六十六本の鉾《ほこ》を立て、疫病退散を祈願しました。それが祇園祭の元になったのです。

毎年、大晦日には来《きた》る年の恵方に祠《ほこら》の向きを変える恵方社があり、その年の福徳を司る神・歳徳神《としとくじん》が祀られています。昔は広大であった池を、二条城造営時に徳川家康が削ったのも、京都のもつ力を少しでも防ごうとする計略だったのかもしれません。それは神泉苑が、風水上もっとも大切な池であった証拠でもあるのでしょう。（林）

Spot

ここがパワースポット

恵方社

この社に参拝すれば、恵方を訪ねたのと同じ福と徳を授かることができるといわれ、立春をすぎるとお詣りが絶えないようです。

法成橋（ほうじょうばし）

善女龍王社へお詣りする際は、放生池に架かる朱塗りの橋を渡ります。ひとつだけ願いを念じながらこの橋を渡ると必ず成就するといわれています。

column

6

一年の開運吉慶を司《つかさど》る歳徳《としとく》の神の坐《おわ》す方位

さて、本書では京都のさまざまなパワースポットを紹介していますが、読者のみなさんの身近な場所で効果抜群な開運のチャンスをつかめる場所を探す方法をお教えしましょう。

私は二十年ほど前から、毎年二月の節分が過ぎ、暦で立春を迎えると、よき日を定め、「恵方《えほう》の神々を訪ねる旅」に出ています。

恵方とは、その年の福徳を司る神様のいらっしゃる方位のことで、江戸時代には旧暦の新年を迎えると、一家の繁栄と家族の安泰を願って「恵方詣り」がさかんに行われました。恵方に位置する神社仏閣に参拝し、その土地で採れた海の幸や山の幸などの産物を土地の水で調理した食べ物を食することで、一年間の開運吉慶に恵まれ、無病息災で過ごすことができるといわれます。

「歳徳の神」は、毎年方位を変えて節分の夜に移動なさいますから、立春を過ぎなければその年の恵方にはいらっしゃいません。それまでに行くのは空き家を訪ねるようなものですから、必ず立春後に訪ねるようにしてください。

一般に、磁石の指す北と、地図に示された北とは同じと考えている方が多いと思いますが、実際は違っています。地図上の矢印で示された北は真北をいい、地球の北を示しています。しかし、磁石の針の示す北は磁北といい、地軸の関係で若干の差があります。磁北は、ゆる

八方位

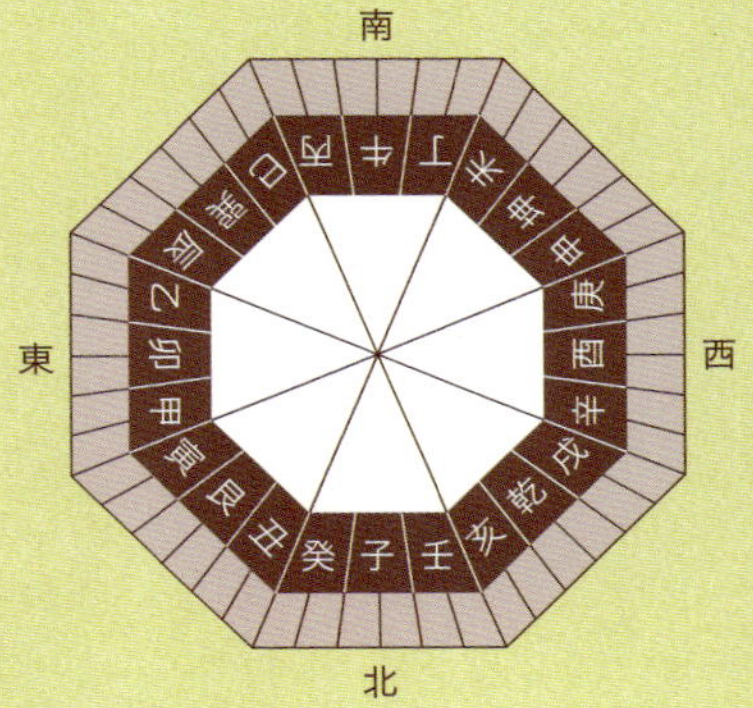

むこう10年間の
毎年の恵方一覧表

恵方	年
甲	平成26年
庚	27年
丙	28年
壬	29年
丙	30年
甲	31年
庚	32年
丙	33年
壬	34年
丙	35年

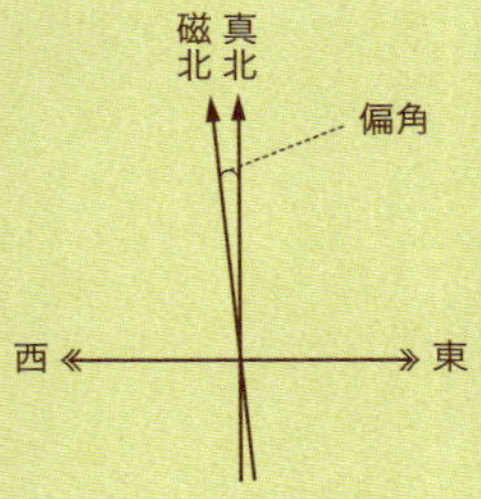

磁北と真北（例）

やかに真北の周囲を円周運動しており、西にかたよったり、東にかたよったりします。地図は、その度にかたよりを表現して印刷することができないので、東も西も統一して真北を指してつくってあります。日本を中心とした場合、現在は少しずつ西にずれて数字が進んでいます。住んでいる地点により、偏角の度数が違いますから、国土地理院のデータなどを参照して、住んでいる地域の偏角を確認した上で恵方の社寺を定めてください。ちなみに平成26年現在、京都では7・14度、滋賀7・10度、大阪7・1度、奈良6・53度、兵庫7・11度、和歌山6・46度の差が生じています。人は、磁気作用によって運命的な影響を受けているので、磁北を軸として恵方の方位を定めましょう。ご自宅からの緯度・経度を正確に定めてこそ、恵方詣りの効果があります。（南）

活力を与える気

松尾大社《まつのおたいしゃ》

平安京以前からの神が宿る地

京都の中心街をまっすぐに西へ、山に突き当たったところに松尾大社があります。ここは、秦氏《はたし》の氏神。古代から大和朝廷と友好関係を築き、日本の発展に大きく寄与した秦氏が社殿を造営し、一族とその本拠地一帯の守護神として信仰した格の高い神社です。しかし、その起源は秦氏の渡来するはるか以前にあるとされ、太古、山そのものと巨石を、神の降りる聖なる場所としてあがめた自然信仰に端を発するといわれています。その中心になるのが、社殿の背後にある松尾山の山頂近くに残る磐座《いわくら》。古代の人々がこの岩に降臨するとしてあがめた神は、『古事記』に伝えられる大山咋神《おおやまくいのかみ》であるとされ、現在も松尾大社の主祭神として祀られています。渡来した秦氏は、土着の神を尊重し、大宝《たいほう》元年（七〇一）には、

磐座参拝

松尾大社の背後の山に残る磐座は、太古の自然崇拝にさかのぼる貴重な遺跡です。巨大な亀の姿にも似た自然石に、祭壇を設けるために人の手が加えられた部分も見られます。神社に申し込めば、山に登って拝むことができますが、写真撮影は禁止されています。

❖松尾大社→地図A-2

京都市西京区嵐山宮町3
☎075-871-5016
拝観時間：日中随時
（庭園は9:00～16:00）
拝観料：境内自由（庭園は大人500円、学生400円、子ども300円）
アクセス：阪急「松尾大社」駅または市バス・京都バス「松尾大社前」よりすぐ

秦忌寸都理《はたのいみきとり》が現在地に社殿を造営し、山の磐座から神霊を移しました。さらに都理はわが子を斎女《いつきめ》として奉仕させ、それ以降、明治になるまで、その子孫の秦氏が神職をつとめました。

大社の前を流れる桂川の上流を掘削《くっさく》して保津峡《ほづきょう》を開き、中流には大きな堰《せき》を築き、下流域の灌漑《かんがい》を進めるなど、見事な治水の技術により、一帯は肥沃《ひよく》な耕地となり、酒造もさかんになりました。今も松尾大社といえば酒造の神といわれるのは秦氏が起源なのです。長岡京、そして平安京へと遷都される折には、秦氏が経済的、技術的後ろ盾になったことから、その後も朝廷の崇敬を集め、多くの天皇が行幸され、奉幣・祈願が行われました。京都の歴史の中で大きな役割を果たした神社、それが松尾大社なのです。（林）

活力を与える気

蛇塚古墳《へびづかこふん》

謎の古代遺跡には
不思議なパワーが

太秦《うずまさ》には、今もその全貌が解明されていない謎の古代遺跡があります。それが蛇塚古墳。住宅街の中に、突然あらわれる巨石がむき出しになった古墳は異様な光景に見えます。もとは墳丘におおわれていた七十メートルを越す前方後円墳《ぜんぽうこうえんふん》だったのが、いつしか石室だけになってしまったのですが、現在残る部分でも全長約十七メートルあり、床面積は二十五・八平方メートルと、全国でも屈指の大きさをほこり、奈良県明日香《あすか》村の石舞台古墳にも、まったくひけを取らない規模の古墳なのです。石舞台古墳に葬られたのは古代の大権力者・蘇我馬子《そがのうまこ》だといわれていますが、この蛇塚古墳には誰が葬られたのでしょうか。おそらく同時代に大きな権力をもっていた秦氏の首長であり、もしかすると秦河勝《はたのかわかつ》か、その前後の支配者であろうと考えられています。

蛇と気

蛇は嫌われることの多い生き物ですが、神の使いとして聖別化されることもあります。古い家には主として蛇が住み着いているなどといわれることも。実際の蛇は大変敏感な生き物らしく、住む場所をよく選ぶので、蛇の繁殖しているところはよい土地だという考え方もあるそうです。蛇塚古墳にも多くの蛇が住み着いていたということは、ここがよい気をもっているという証明になるかもしれません。

❖蛇塚古墳→地図A-2

京都府京都市右京区太秦面影町
アクセス：嵐電「帷子ノ辻」駅より徒歩約10分

蛇塚の名の由来は、石室がむき出しになった後、住み着いた蛇が岩の間を出入りしていたからだ、と地元ではいわれています。江戸時代には、女盗賊のアジトとなり、旅人を襲ったなどという話も残されています。このあたりは太秦面《おも》影町《かげちょう》とよばれ、何か遠い昔の伝説の面影が残されているような印象を受けます。蛇塚古墳は現在、崩落の危険があるため鉄材で補強され、一般の出入りは禁止されていますが、清掃や保全の際など、タイミングがあえば中を見学させてもらえることもあるとのことです。ただし、古墳は中が暗く空気がよどんでいる場合も多いので、注意して入ることが大切でしょう。（林）

column 7

比《ひ》叡《えい》山《ざん》延《えん》暦《りゃく》寺《じ》の別院・赤《せき》山《ざん》禅《ぜん》院《いん》と都の鬼《き》門《もん》

都の東北、比叡山のふもとに都の表《おもて》鬼門の守りとして延暦寺の別院・赤山禅院があります。「表鬼門の赤山さん」と呼ばれ、鬼門除《よ》けの寺院として信仰されてきました。うっかりすると見落としそうですが、一匹の猿が拝殿の屋根の上にいて、都に悪いもの（魔）が侵入しないかじっと見張っているというのです。猿は「魔をサル」「難をサル」といわれ、縁起のよい動物とされますが、この猿は御所の「猿が辻」の塀の上の猿と向きあっており、一対でともに平安の都を守っているとのことです。

一般に、東北方位は表鬼門、その対角の南西方位を裏鬼門として、ともに慎重に扱うべき方位とされています。御所においても塀の角を意図的に切って魔除けの猿が鎮座しています。よく「鬼門に玄関がある」とか「鬼門にトイレがある」などの相談を受

赤山禅院の屋根の猿
屋根の中央に網で囲われた猿がいます。

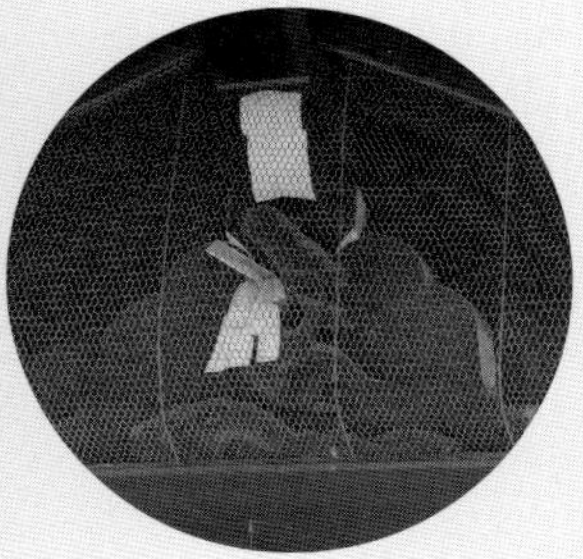

御所の猿が辻の猿
御所の東北角。よく目を凝らすと塀の上、網の中に御幣をかついだ猿がいます。

けることがありますが、これほど鬼門にこだわるのは、意外なことにわが国特有の思想のようです。『三国志《さんごくし》』で知られる諸《しょ》葛孔明《かっこうめい》が使った奇門遁行《きもんとんこう》では、東北方位を「生門」と呼び、ものごとが新たに生じる改革、変化の吉方位としています。

　なのになぜ、凶方位であるかのようにいわれるようになったのでしょうか。おそらくそれは、仏教が朝廷に受容され、徐々に広がっていった時代とリンクしているのではないかと感じます。鬼門方位について朝廷に恐れをもたせ、それを守るためと称して寺院を建てたことなどが、一般庶民の間に「鬼門は怖いものだ」という観念を定着させたのではないでしょうか。（南）

❖京都御苑
京都府京都市上京区京都御苑3
☎075-211-6348
拝観時間：日中随時
拝観料：苑内自由
アクセス：（猿が辻まで）地下鉄「今出川」駅より徒歩約10分

❖赤山禅院
京都市左京区修学院開根坊町18
☎075-701-5181
拝観時間：9:00〜16:30
拝観料：境内自由
アクセス：叡電「修学院」駅より徒歩約20分、市バス「修学院離宮道」より徒歩約15分

正式参拝の作法

正式参拝をする場合、訪問する全ての社寺に常時ご奉仕くださる方がおいでになるとは限らないので、前もって正式参拝の旨をお願いしておきましょう。神道《しんとう》の祝詞《のりと》、仏教のお経は尊い「言霊《ことだま》」です。パワーのある気はその言霊の音に引き寄せられて集まってくるとのことですから、祝詞やお経のパワーは絶大です。

はじめて正式参拝をするときには、作法を間違えないかと不安や戸惑いを感じるかもしれません。神式と仏式のちがいはありますが、必ず補佐する方が「ご低頭ください」「お立ちください」「お直りください」とその都度、声をかけてくださいますので心配はありません。まずは慣れることからはじめてください。

正式な参拝方法では玉串《たまぐし》を捧《ささ》げて神様を拝みます。玉串とは、榊《さかき》の枝に白い紙（紙垂）を結びつけたものです。参拝の前に、失礼のない金額を金封の中に入れ、金封の表の上部には、「玉串料」あるいは「初穂料」と書き、下部に氏名を、裏面には金額を書いておきます。金額は、人数にもよりますが、よくわからない場合には、尋ねても失礼ではありません。

次に、祝詞の後の玉串の捧げ方について、一例をご紹介します。

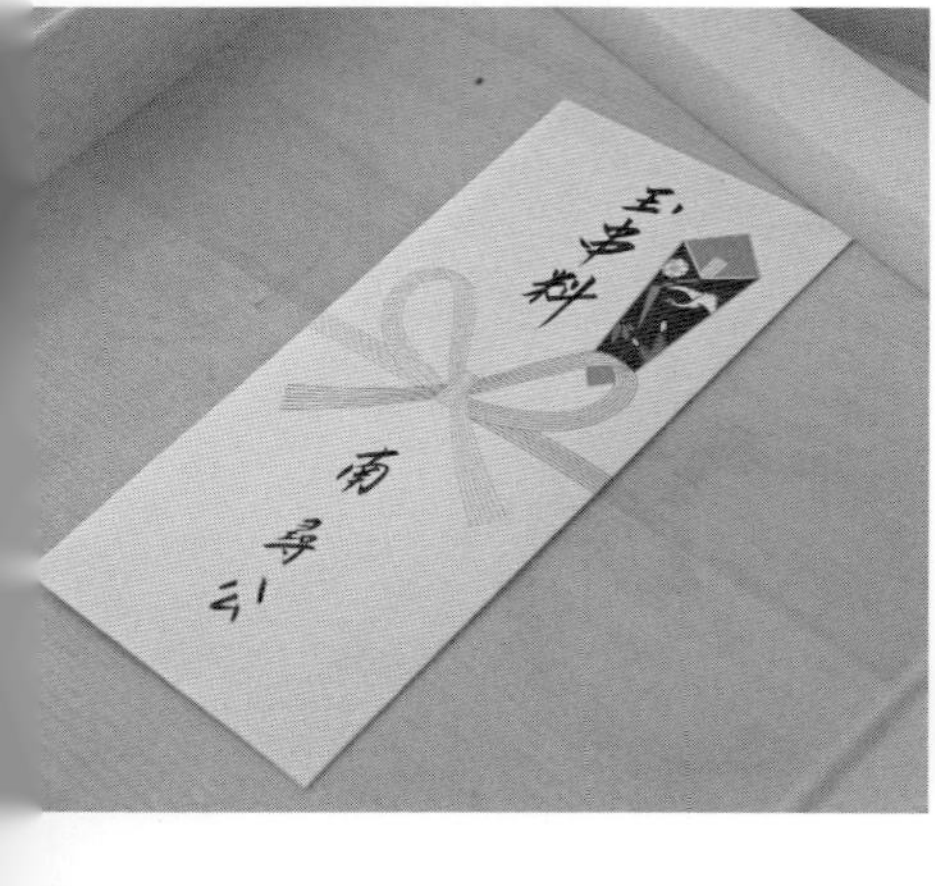

1 玉串を神官の方から渡されるときに立ち上がり、一礼して両手で受け取ります。

2 自分の息がかからない程度に両手で高く掲げて神前の台の前に進みます。

3 玉串の先を時計回りに90度回転します。

4 さらに回して、根元を神前に向けます。

5 少し進んで、用意された台の上に捧げます。

6 少しさがって二拝二拍手一拝し、神様にお尻を向けないように後ずさりするか、向きを変えて正中を避けて帰り、席に着きます。

京都にみなぎるパワー

山河襟帯《さんがきんたい》の都・平安京

延暦一三年（七九四）十月のこと、桓武《かんむ》天皇は忌まわしい事件が頻発する長岡京の造営をあきらめ、ついに平安京への遷都を決意します。しかし新都の造営も容易に進まず、平安京が都としての機能をはたせるまでに整ったのは嵯峨天皇の代をむかえてからのことだったといいます。

「山河襟帯にして、自然に城をなす……」ではじまる詔《みことのり》により、平城京の北の山の背後にある地という意味の「山背の国」をあらため「山城の国」と表記されるようになり、現在の京都は都造りのはじめから平安京と称されました。東、北、西の三方位を山に囲まれ、鴨川の清流に抱かれ、南に大きく開けた新都・平安京の地形は、世界でもまれに見る「風水上の宝地」で、それが千年もの永きにわたり日本の首都として栄えた所以《ゆえん》ともいえるでしょう。

「風を蔵《ぞう》して水を得る」と中国の古書に書かれているように、「風水」では「まわりを山に囲まれて烈風が吹きこむのを防ぎ、近くに川や湖などがあって井戸を掘っても良質の水が得られるような土地を最良とする」とされています。ちなみに京都人の真意は計り難い、とよくいわれますが、風水の見地からすれば三方位の山々の固めがあまりに強いために、そのような気質がつくられたとも考えられます。また陰陽五行説《いんようごぎょうせつ》では木、火、土、金、水が世界の構成要素とされていて、木は春の気をもち、春になるとよい風が吹くことから風の意味をもっとされています。五行の最初の「木（風）」と、最後の「水」をあわせ、この世の天地一切は「風」にはじまり「水」に終わり、さらに「風」に返すとする自然観、宇宙観が「風水」という言葉の中にこめられています。

古代の中国ではもっともすぐれた地相上の吉地の条件を次のようなものとしています。「山をのぞむと集まった気が煙のように立ちのぼる。それらの山々は青々としており、大地には生命力あふれる草木が生い茂る。豊かな水をたたえる泉や清らかな流水があり、土にも石にも適度な潤いをもたらすような場所は、集まってくる気にも生命力があり、しかもその気は常に止まることがない。そうした場所が風水上の吉地である」。

つまり、風水の思想の原点は、風すなわち、よい気に満たされた空間を生かして、水の清らかなところを選び住むことで、健康で安定した人生を歩むことが約束される、ということにほかならないのです。

水脈の上はパワースポット!?

太古、京都盆地が豊かな水に満たされた大きな湖だったことを知る人は少ないようです。湖底が隆起《りゅうき》したり、山々から流れ下る川が土砂を運んだりするなどして形づくられたのが現在の京都盆地です。後に「山城湖」と呼ばれた広大な湖の名残は深泥池《みぞろがいけ》や多くの歌に詠まれる大沢池《おおさわのいけ》、広沢池《ひろさわのいけ》、昭和初期に干拓され、農地となった巨椋池《おぐらいけ》に見られます。また平安京の遺構である神泉苑《しんせんえん》はかつて現在の八倍もの規模がありましたが、ここが湖底のくぼみであったといわれます。京都盆地の東北から東にかけて連なる東山の峰々の向こうには琵琶湖がありますが、おどろくことに京都の市街地の下には琵琶湖の貯水量と同じくらいの水量をたたえる水瓶があるとのこと。また東北から南西にかけて京都盆地を斜めに分断するように地下水脈が走っているともいわれますが、最近は京都市内で原因不明の井戸の水涸れが問題となっているようです。

水にまつわるミステリアスな話

吉祥の地を生み出す水も、ときとして悪い磁場を生み、禍《わざわい》をもたらすことがあります。地下水脈の付近では気の流れが不安定で人間の感覚に不思議な現象を起こす場合があります。交通事故の多発地点が水脈の上であることはよく聞く話です。人体は微量ながら磁気をおびていて、地球の磁気と共鳴しあっています。そのため、よほどの方向音痴でない限り、無事に自宅に帰ることができるわけです。逆に、東西南北に碁盤の目のように整然と整備された京都市内で、方向感覚を失って迷ってしまう観光客が多いのも、地下の水瓶の禍のせいなのでしょうか。「京都へ行くたびに道に迷うのよ」という知人もいます。また、京都で生まれ、京都で育ったある知人などは、幼い頃、帰りが遅いのを心配したお迎えのおばあさんともども、知り尽くしているはずの道を反対方向へ歩いていたと語っていました。

水は、地下の水脈、地上の流れを問わず、使い方次第でさまざまな影響を及ぼします。「地理風水学」では「お水取り」という吉方位から水を採取してきて飲んだり、撒《ま》いたりして開運や魔除《まよ》けに利用する方法があります。また、家庭でも、水槽を置くことで開運に導く方法がありますが、水の扱いによっては吉凶両極端な結果が出ますので、無闇に置くことは危険です。

理想の宮都は「四神相応《しじんそうおう》」の地

平安京は「四神相応」の地。平安京の繁栄をたたえる言葉としてよく使われます。平安京以前の都、藤原京や平城京も風水学と陰陽五行説を駆使して造営された都でしたが、京都盆地の地形は、後方が高く前方が開け、左右に小高い山があり、南北軸の緯度は磁北からわずかなずれが生じているだけで、東西南北がほぼ定まっているという、天然の地の利に恵まれた理想的な「風水上の宝地」です。さらに、東西南北の四方位をそれぞれの霊獣に守られた「四神相応」の地でもありました。風水では、山は高貴を司《つかさど》り、水は財を司るといいますが、平安京は北を背にして東に青龍《せいりゅう》（流水の鴨川）、西に白虎《びゃっこ》（長道の山陽道）、南に朱雀《すざく》（大海の巨椋池）、北に玄武《げんぶ》（高山の鞍馬山、貴船山）が配され、海抜五百から七百メートルの山々が都の後方をしっかりガードするようにそびえています。京都盆地のように北西に高く、南西に低い土地は通風や採光の面で好都合で、当然そのような土地は肥えて作物も豊かに育ち、民たちも富むという地理的に真に恵まれた土地であったことが想像できます。

このような地理的条件に恵まれた京都には「天の龍」「地の龍」のエネルギーがあふれ、それぞれ特有の個性をもったパワースポットがあります。太陽や地球をはじめとした星の運行によって生じた宇宙エネルギーの「天の気」は風に乗って下降し、地球エネルギーの「地の気」は龍道や龍脈といわれる地脈を紆余曲折《うよきょくせつ》しながら走ります。また、龍道の最終地点で蓄えに蓄えた濃密な気を開放する場所を「龍穴《りゅうけつ》」といいます。地理風水学では、山脈や川は断層であると見て、断層に沿って「龍脈」が走っているとされます。つまり断層は龍の通り道であり、そう考えると地震は龍の怒りの表現であるといえるかもしれません。私たちに多くの恵みを与えてくれる大地の神に感謝する気持ちを忘れないでいたいものです。

さて、平安京に繁栄をもたらし、今も京都を守る気をみなぎらせる気の発生場所「龍穴」が、京都三山のひとつである船岡山です。世界の風水エネルギーの源であるヒマラヤ山脈から発せられる強力なエネルギーは、日本列島の気の源である富士山に流れています。そこから各方位に枝分かれした気の一本が南アルプス、北アルプス、白山をへて琵琶湖の北西部を走り、比叡山で南に走るルートと北西に向かうルートに分かれます。南に走る地脈は東山三十六峰をへて伏見の稲荷山へ向かい、北西に走った龍脈は鞍馬山から丹波山系にいたります。鞍馬山に到達した龍が、船岡山に頭を乗せ、そこから平安京の大極殿を見定めたと、風水の世界ではよくいわれます。

ここからはCGの画面でも見ているつもりでご想像ください。

やがて、おもむろに顎をあげた龍は疾風のごとく大極殿を目指して下ります。古代の出雲大社、奈良の大仏殿とともにわが国の三大建造物のひとつとされた大極殿に到達した龍はさすがに疲れを覚え、神泉苑で水を飲み、しばしのひとやすみ。水は気の流れを止めますからたっぷりと水を飲み、元気を取り戻した龍はさらに勢いを増し、朱雀大路をまっしぐら。南下した先には平安京の表門である羅城門があります。羅城門に行く手をはばまれた龍は、門の東西にあった東寺、西寺の五重の塔を駆け登り、やがて再び北へ戻り、平安京全体を覆いつくしたとのことです。(南)

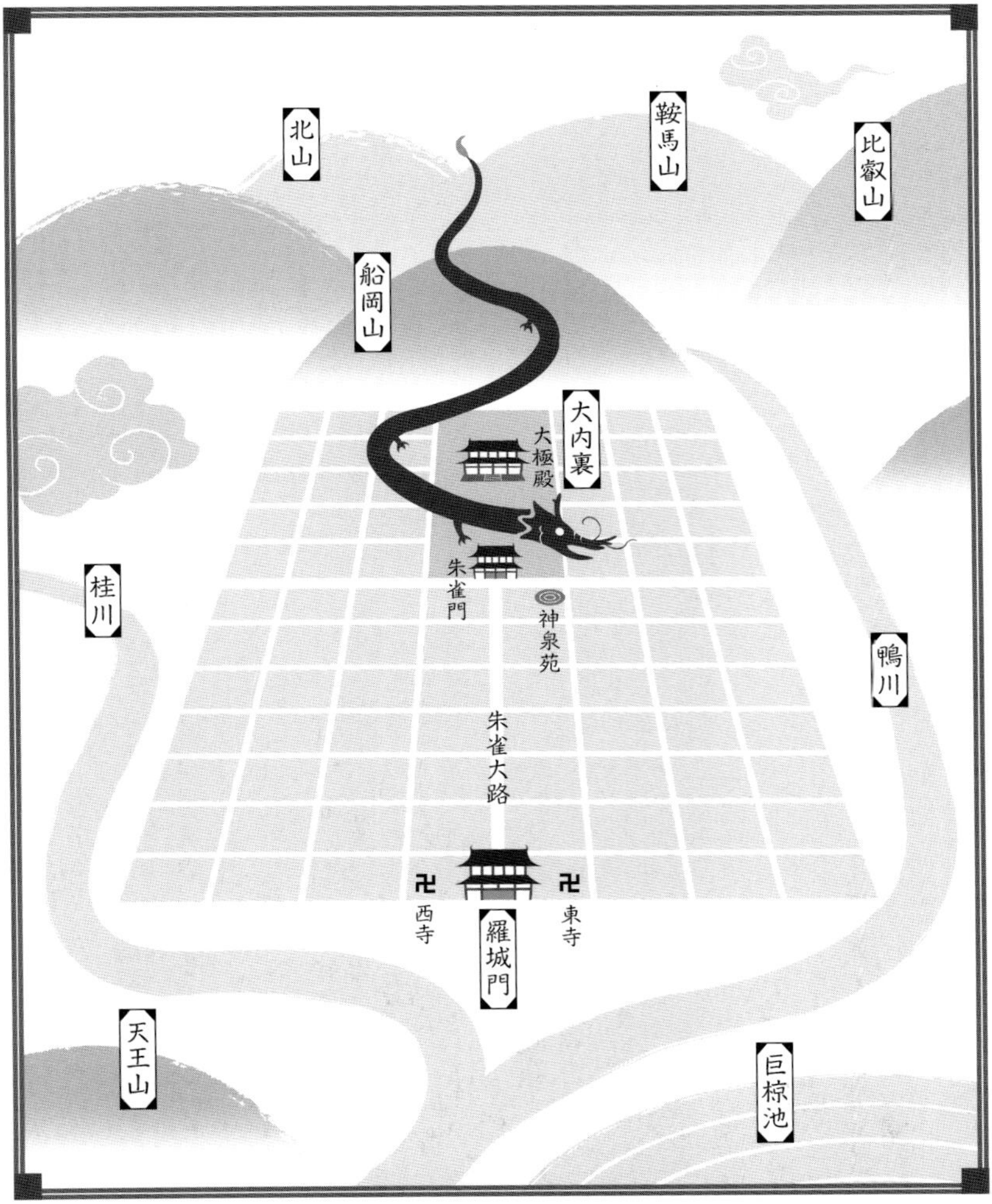
北山
鞍馬山
比叡山
船岡山
大内裏
大極殿
朱雀門
神泉苑
桂川
鴨川
朱雀大路
西寺
東寺
羅城門
天王山
巨椋池

おわりに

南尋公さんとは、仕事を通じて知りあって十五年ほどになるでしょうか。運命学研究家として、占術や恵方、運勢などの教室を各地で持っておられました。私も古典や歴史の教室を開講しはじめたころで、よく『源氏物語』や「伊勢神宮」などをテーマにしたセミナーでご一緒しました。南さんとお話ししていると、次第によい気が伝わってくるようで、それだけで運気が上がるように思えてうれしくなってきます。今回、今ブームのパワースポットについて、風水と歴史、両面からアプローチする本を作ろうという企画がまとまり、南さんが風水や気に関すること、私が歴史に関することを担当し、共著として出版する運びとなりました。南さんという風水の専門家と一緒にまわる神社や史跡は、いつもと違う顔を見せてくれました。私のような門外漢でも、どこへいっても気を感じることができたのです。「あっ！　ここで気が変わりましたね」などと感じたままにいうと、「そう、ここに気のカーテンがありますね」と答えてくださるようなことがしばしばありました。

この本を読んでから、雑念をはらい、リラックスした精神でパワースポットをおとずれると、きっとよい気を感じることができると思います。それは傷ついた心を癒し、明日への活力と生きるパワーをもたらしてくれるでしょう。太古から、そういう地を聖地として人々は大切にしてきたのです。

南米のマチュピチュにいったとき、その遺跡がすべて花崗岩《かこうがん》でできていることを知りました。ということは三割が水晶だということです。マチュピチュが世界中の人をひきつけてやまないパワースポットだというのは、水晶の力でもあったのです。現代人には失われた鋭敏な力が、古代の人には備わっていたのでしょう。

環境が破壊され、すべてがデジタル化されていく現代人にこそ、パワースポットのもつ自然の力が必要なのではないでしょうか。この本が、その道しるべになれば、と願っています。

林　和清

パワースポット索引

五十音順

【あ】

愛宕神社 ● あたごじんじゃ …… 18
出雲大神宮 ● いずもだいじんぐう …… 82
宇治上神社 ● うじかみじんじゃ …… 54
宇治神社 ● うじじんじゃ …… 50

【か】

蚕の社 ● かいこのやしろ …… 22
上賀茂神社 ● かみがもじんじゃ …… 66
甘南備山 ● かんなびやま …… 62
貴船神社 ● きふねじんじゃ …… 76
鞍馬寺 ● くらまでら …… 10
近衛邸跡 ● このえていあと …… 88

【さ】

下鴨神社 ● しもがもじんじゃ …… 74
城南宮 ● じょうなんぐう …… 64
神泉苑 ● しんせんえん …… 92

【た】

大極殿跡 ● だいごくでんあと …… 42
大将軍八神社 ● だいしょうぐんはちじんじゃ …… 90
大文字山 ● だいもんじやま …… 46

【な】

双ヶ丘 ● ならびがおか …… 40

【は】

比叡山 ● ひえいざん …… 16
日向大神宮 ● ひむかいだいじんぐう …… 36
伏見稲荷大社 ● ふしみいなりたいしゃ …… 28
船岡山 ● ふなおかやま …… 34
蛇塚古墳 ● へびづかこふん …… 98

【ま】

松尾大社 ● まつのおたいしゃ …… 96

【や】

吉田山 ● よしだやま …… 26

【ら】

六角堂 ● ろっかくどう …… 48

地域別

【洛中】

近衛邸跡 …… 88
下鴨神社 …… 74
神泉苑 …… 92
大極殿跡 …… 42
大将軍八神社 …… 90
船岡山 …… 34
六角堂 …… 48

【洛東】

大文字山 …… 46
日向大神宮 …… 36
吉田山 …… 26

【洛西】

蚕の社 …… 22
双ヶ丘 …… 40
蛇塚古墳 …… 98
松尾大社 …… 96

【洛北】

上賀茂神社 …… 66
貴船神社 …… 76
鞍馬寺 …… 10
比叡山 …… 16

【洛南】

宇治上神社 …… 54
宇治神社 …… 50
城南宮 …… 64
伏見稲荷大社 …… 28

【郊外】

愛宕神社 …… 18
出雲大神宮 …… 82
甘南備山 …… 62

京都を愉しむ
ここが京都のパワースポット

平成26年2月22日　初版発行

著　者　　南　尋公
　　　　　林　和清
撮　影　　福尾行洋

発行者　　納屋嘉人
発行所　　株式会社　淡交社
　　　本社　〒603-8588　京都市北区堀川通鞍馬口上ル
　　　　　　営業　（075）432-5151
　　　　　　編集　（075）432-5161
　　　支社　〒162-0061　東京都新宿区市谷柳町39-1
　　　　　　営業　（03）5269-7941
　　　　　　編集　（03）5269-1691
　　　　　　http://www.tankosha.co.jp

デザイン　　上野かおる＋中瀬理恵（鷺草デザイン事務所）
印刷・製本　図書印刷株式会社

©2014 南　尋公・林　和清・福尾行洋　Printed in Japan
ISBN978-4-473-03922-4

落丁・乱丁本がございましたら、小社「出版営業部」宛にお送りください。
送料小社負担にてお取り替えいたします。
本書の無断複写は、著作権法上での例外を除き、禁じられています。